教育中的
"没想到"

严育洪 著

教育科学出版社

·北京·

出 版 人　　所广一
责任编辑　　谭文明
责任校对　　贾静芳
责任印制　　曲凤玲

图书在版编目(CIP)数据

教育中的"没想到" / 严育洪著. —北京：教育
科学出版社，2013.5
　　ISBN 978-7-5041-7334-8

Ⅰ. ①教… Ⅱ. ①严… Ⅲ. ①教学研究 Ⅳ.
①G420

中国版本图书馆 CIP 数据核字(2013)第 095431 号

教育中的"没想到"
JIAOYU ZHONG DE "MEIXIANGDAO"

出版发行	教育科学出版社			
社　址	北京·朝阳区安慧北里安园甲 9 号	**市场部电话**	010—64989017	
邮　编	100101	**编辑部电话**	010—64981277	
传　真	010—64891796	**网　址**	http://www.esph.com.cn	
经　销	各地新华书店			
印　刷	莱芜市东方彩印有限公司			
开　本	177 毫米×240 毫米　16 开	**版　次**	2013 年 5 月第 1 版	
印　张	14	**印　次**	2013 年 5 月第 1 次印刷	
字　数	153 千	**定　价**	32.00 元	

如有印装质量问题，请到所购图书销售部门联系调换。

"没想到",对教育的追问与追求

许多教师常常感叹甚至抱怨,教育生活总是那么单调,缺乏新意。场所基本在办公室和教室之间来回,人员基本在教师和学生之间来往。思想教育基本采用老方子,知识教学基本采用老法子。如此,年年岁岁人相似,岁岁年年课相同,也难怪教师感到日复一日如复一日。

实际上,教育生活日复一日的"复"应该是复杂,而不是重复。因为我们面对的是人的教育,人的多样性和人的多变性决定了教育必然是复杂的,不可能死守一概而论的教育方式和一成不变的教学方法就能一气呵成和一步登天。在许多情况下,教育教学过程常常表现为一波三折的不平静和一差二错的不平稳,许多事情的发生和发展可能是教师之前"没想到"的,许多事情的解开和解决也可能是教师之前"没想到"的,教师可能"没想到还有这样的做法",也可能"没想到竟有这样的效果"。如果教师紧紧抱住已有观念不放,那极有可能产生一厢情愿却并不如意的结局——你的教育方式并不能让你的学生心驰,你的教学方法也不能让你的学生神往。此时,表面上看学生似乎依从着你,但依从的不是对知识的渴求,而更多的是你作为教师的权威,他们更多的是迫不得已的无奈。

教育教学是复杂的,进行中经常让我们的教师连呼"没想到"。这些时常发生的"没想到",其原因大体有以下几种情形。

一是教师"没去想"。在教育教学中,一些教师一味根据教材、教参和前人经验来实施教育教学,认为这样的教育真理可以纵横所有课堂,认为这样的教学真经可以横闯天下。其实,理论和经验未必放之四海而皆准,注定有其适用性和时效性。在教师信奉为理论和经验的习惯性思维下,也就没意识去想"是否还有这样的做法"这一具有创造性的问题。

二是教师"没能想"。 在教育教学中,一些教师的水平有限,只会照章办事,不会找章办事,只会依计行事,不会依机行事。缺乏具体问题具体分析的能力,导致只会照搬常用的教育公式或套用现成的教学模式。此外,随着课堂的丰富性和教学现象的多样化,我们对教育的认识还存在着许多还没想到的"漏洞"甚至"空洞"。如此,教师由于能力和知识的有限,也就没能力去想"是否还有这样的做法"这一具有创造性的问题。

三是教师"没多想"。 在教育教学中,一些教师的视野狭窄,短视现象严重,急功近利,不顾教育是一项长期工程。在教育的慢性子和教师的急性子之间,我们的教育变得越来越肤浅,我们的教师变得越来越浮躁。在满脑子"分数就是学生的成绩""学生的成绩就是自己的成果"的思想观念下,也就没时间去想"是否还有这样的做法"这一具有创造性的问题。

四是教师"没料想"。 在教育教学中,一些教师的机智欠佳,没想到学生会产生出乎预料的一些突发性问题,情急之中,要么缩手缩脚,不加理睬,望其自灭;要么束手束脚,横加干涉,把它剿灭,从而回避或"枪毙"这些棘手的问题。在教师凡事都必须按教学计划执行的姿态下,对新课程提倡的要根据学生的生成情况及时调整教学内容和教学方式的理念,也就没准备去想"是否能有这样的效果"这一具有验证性的问题。

五是教师"没真想"。 在教育教学中,一些教师的行为偷懒,怕麻烦,明明知道教育需要对症下药,明明知道教学需要因材施教,但为了省事,只是简单地采用自己顺手或使用已久的一套教育或教学方法,以不变应万变,只求自己教得顺心,不问学生是否适用。另外,对于一些做法明明知道不符合教育发展规律和不利于学生身心健康,但为了省心,仍然使用。而对新课程理念提倡的一些新思想、新做法,也就没真正去想"是否能有这样的效果"这一具有验证性的问题。

六是教师"没深想"。 在教育教学中,一些教师的思想不深刻,不主动寻求新问题背后的深层原因和新做法背后的深层道理,只是一味抄袭他人的说法或机械模仿他人的做法,一旦遭遇困难或变化,就对新的理念或新的做法产生怀疑,也就没信心去想"是否能有这样的效果"这一具有验证性的问题。

对教师来说,每一个学生个体都是新的,对学生来说,学习的每一个日子都是新的,此情此景之下的教育与教学应该是新的;对教师来说,每一个学生个体都是好的,对学生来说,学习的每一个日子都是好的,此情此景之下的教育与教学应该是好的。教育与教学的复杂性决定了教育教学之中有着教师"没想到"的新思想、新思路。只要我们的教师善于观察、善于研究、善于总结、善于反思、善于创造,就能发现许多教育教学的新问题,发明许多教育教学的新方法。另外,教育与教学的多样性决定了教育教学之中有着教师"没想到"的好效果、好结果,只要我们的教师善于学习、善于实践、善于比较、善于变通、善于坚持,就能获得许多教育教学的好成绩,获取许多教育教学的好方法。这样,教师教育生活的每一天都会有新的感觉、新的收获和新的气象;这样,教师教育生活的每一天都会有好的感觉、好的收获和好的气象。如此工作的教师必有作为,成为一名"能想到"并"能想好"的教师。

本书编写目的意在尽力挖掘日常教育教学中一些教师想不到、想不全的隐性问题以及一些教师想不对、想不通、想不好的难点问题,进行分析、论述,一是提示教师参考,二是提醒教师思考,从而开阔教师视野,打破教师惯常思维,刷新教师固有认识,并启发教师时常反思日常教育教学现象、审视日常教育教学行为、发现日常教育教学误区、重建日常教育教学思路。

然而,限于本书篇幅,还有许多教育教学中"没想到"的新方法和好方法没写入进来,又限于本人水平,还有许多教育教学中"没想到"的新方法和好方法没想到,这需要读者在阅读和实践过程中不断补充,能对书中存在的不尽如人意之处不断完善,并能对书中不尽如人意之处不断修正。真诚期待你们的想法,烦请把您的意见和建议发至我的电子邮箱13861472533@139.com,谢谢!

严育洪

目 录

A 教师"没去想""没能想""没多想""没想到"还有这样的做法

B　教师"没料想""没真想""没深想" "没想到"竟有这样的效果

A

教师 "没去想""没能想""没多想"

"没想到" 还有这样的做法

01 许多的"第一"需要教师第一关注

在教育中，有着太多太多的"第一"，然而正由于凡事都会有"第一"，也有后续的"第二""第三"，教师也就往往习以为常、不以为然，不会加以特别关注，也不会料想它的与众不同。于是，很多情况下，"第一"的优先与优势荡然无存，如"第一"的新鲜感、"第一"的超前性、"第一"的震撼力。这，是一件很可惜的事情。

教师，请你对教育的"第一"给予特别的关注和特别的关怀，让学生在教育的"第一刻"就能有"第一人"的感觉，这样，你的教育才有可能达到"第一流"的水平。

一、重视第一时间

俗话说，好的开端是成功的一半。我们的教学只有在第一时间内抓住学生的心、打动学生的心，让学生稳定状态、产生兴趣、振奋精神，才会更加有力和更加有效地推动教学的深入发展。如开学的第一节课、单元的第一课时、教学的第一环节，等等，我们都应该特别注意，使之能够为教学的全局开个好头。

例如，开学的第一节课。许多教师通常会总结假期生活，评价假期作业，对本学期的学习提一些要求，可效果并不理想。经过一个假期的休息，学生还没有进入学习状态。而且，对于高年级学生来说，学习的常规要求听多了，自然就打不起精神。下面的案例中，一位数学老师和一位语文老师对开学"第一节课"进行了大胆的尝试，结果出乎意料的好。

案例

开学第一课——苏教版第8册目录教学与反思①

语文老师林老师执教四年级的第一节课是这样教的——

师 ：又是一个新的学期，昨天大家已经拿到了新书，不知你们有没有去读书，是怎样去读书的。可以交流一下吗？

生1：我是从第1课《我给江主席献花》开始读的。我先读准课后生字的字音，再朗读课文，了解这篇课文的大意。

生2：我是从"培养良好的学习习惯（八）"开始读的，因为我猜想林老师会从这一课开始教，我们今天可能就要上这一课。

生3：我是从目录开始读的，我从目录中挑选自己喜欢读的第14课《我不是最弱小的》，认真地读了两遍。

生4：我也是从目录开始读的，我从目录中挑选了自己喜欢读的三篇课文《走，我们去植树》《读书莫放"拦路虎"》《日月潭的传说》来读。

师 ：这两位同学都不约而同地选择了目录作为自己读书的起点。（板书：目录）是呀，目录就是一本书的"司令部"，读书就应当从目录读起。现在，就让我们一同翻开语文书的目录。给大家一分钟的时间通读目录。（生自由读目录）

生5：从目录中，我知道了这本书中有许多优美的文章，我猜测《燕子》《鸟语》《黄山奇松》这些课文一定写得很美，我要好好地读这些课文。

生6：从目录中，我知道了这册语文书中共有31篇课文，8次习作，8个练习，还有一则"培养良好的学习习惯"。

生7：从目录中，我知道了这本书中的课文有的是写人的，如《祈黄羊》；有的是写事的，如《我给江主席献花》；有的是写景的，如《沙漠中的绿洲》；有的是写物的，如《燕子》。

师 ：是呀，书中的每一篇课文都等待着我们翻开它，阅读它。这里林老师想

---

① 来源：《小学教学（语文版）》2007年第1期，作者：林春曹

问一问大家:这么多课文中,你有没有想过自己最喜欢的是哪一篇呢?

生8: 我最喜欢的是第6课《燕子》,因为我喜欢小燕子。

生9: 我最喜欢的是第25课《天火之谜》,因为我对自然界的雷电很感兴趣。

生10: 我最喜欢的是第20课《黄山奇松》,因为我曾去过黄山,见过黄山的迎客松、陪客松、送客松,我想看看作者笔下的黄山奇松和我见过的是不是一样。

生11: 我最喜欢的是第15课《鸟语》,因为在上一学期的自读课本中也有一篇题为《鸟语》的文章,我想看看这两篇《鸟语》有什么不同。

师: 既然你们都有自己喜欢的课文,那现在我们不妨翻开它们,一睹为快吧!(生读书热情高涨)

语文教材中的目录是最容易被忽略的教学资源。通常情况下,目录只是师生用来查找有关课文页码、快速检索的平台。在上述教学实录中,教师精心设计,把平平淡淡的目录作为新学期第一节语文课难得的阅读资源加以开发,使得这节目录教学课充满智慧,充满情趣,引发学生阅读别样的精彩;同时也在第一节课充分调动起学生学习语文的兴趣。

案例

开学的第一节数学课①

我执教四年级数学的第一节课是这样教的——

我出示课题"走近数学"后,学生感到很疑惑:我们已经学了四年数学,生活中也到处都有数学,我们不是已经生活在数学中了吗?难道与数学还不够"近"吗?

看着学生一脸疑惑,我适时追问:同学们或许觉得我们已经与数学很近了,那你知道数学究竟是怎样产生的吗?人类为什么需要"数"?数学是个大家庭,你知道它有多少成员吗?它为什么有"科学之王"的美称?在它成长的过程中出现过哪些重要人物?发生过哪些重要的事?学好数学的窍门又是什么?……面对这些问

---

① 执教教师:严育洪

题,学生的眼里充满了渴望,并热切地期盼我给出问题的答案。原来的喧嚣没有了,留下的是一片寂静的沉思与期待,我的"起始课"就这样开始了……

当谈到数学的应用时,我还给学生介绍了文学界与史学界长期纷争的一个问题:《红楼梦》是曹雪芹一人所作还是与高鹗合作而成?我透露了数学家根据一个人用词的习惯,借助概率统计方法给出证明的消息。这一信息在学生中引起了很大震动,他们觉得数学真是太奇妙了,只要我们掌握了数学的方法,许多看似很难的问题都可能迎刃而解。

课后,一名学生在数学日记中写道:"今天的第一节数学课,我原以为又是什么复习呀、常规呀,结果出乎我的意料,黄金数、几何、代数……把我的兴趣一下子从谷底拉上了顶峰。我多么希望毛老师上的每节课都是这样啊!"……

原本枯燥、乏味的开学"第一节课",原来也可以在学生的心中激起一朵朵浪花,荡起阵阵涟漪,在他们的心田里播下一颗颗希望的种子。这样的教学使学生在开学第一天就能够带着好心情,带着新问题,最终朝着新目标,走向新胜利。

二、重视第一评价

首先,教师应注意第一个发言和第一次发言的学生。我们的教师或许不知道或不在乎,敢于第一个站起来发言的学生往往需要很大的学习勇气,教师不能淡然处之,尤其在他回答欠佳甚至出现错误时,教师更不能漠然处之,因为你此时对他的评价将直接影响后来发言学生的勇气与信心。如果学生发现一旦自己回答不正确或不全面,教师就不给好脸色,那么他们还敢做"出头鸟"吗?!

所以,对第一个回答问题的学生,不管他回答是否正确,不管他回答是否精彩,教师都应该积极鼓励,让其他学生看到只要自己勇于发表自己的观点,就能得到教师的肯定,这会大大激发他们回答问题的积极性。

其次,对第一次回答问题的学生,教师更应该"另眼相看",挖掘他的闪光点,让他感到自己的价值。如果实在无"金"可挖,教师也要表扬他的自我挑战和进步。这样,他也就会由难得的"第一次"自信地递进出"许多次",最终让老师、同学能够"刮目相看"。

再其次,教师对第一个学生的发言应该特别留意,尽可能要求他(她)或引导他

(她)把话说得完整、说得有序、说得在理。因为对后面发言的学生来讲，他(她)的表现是一个榜样，他(她)的回答是一个起点，良好的开端能促进越来越多的学生说得越来越好。

最后，教师要注意第一次表扬和第一次批评的效力、形式，注意其中"度"的把握。心理学研究表明，首次表扬或批评对学生的触动是最大的，随着表扬或批评次数的增多，对学生的刺激程度就会逐渐减弱，其价值就会越来越低。当众评价影响度更高。第一次当众批评学生，有可能伤害学生使其一蹶不振，而多次的当众批评又可能使学生麻木，使批评不成为批评；第一次当众表扬学生，虽可使这个学生兴奋不已，却又同时可能在无形的对比中伤害其他学生，而多次的当众表扬也可能使学生麻木，使表扬不成为表扬。这正是学习年级越高，学生年龄越大，教师当众评价的效果呈降低趋势的原因所在。鉴此，我认为教师应适当减少当众评价的频率，积极寻求其他合适的评价方法来代替，如以下几种方式。

书信的交流。教师可把一些不宜当众评价的语言写成信装入信封，"送"给学生，学生也可以用写信的方式来与教师交流。由于教师可以给所有学生写信，而且信的内容属表扬还是批评之辞对其他学生是个未知的谜，也就避免了其他学生对评价可能引起的消极影响。此外，师生间书信的交流逐步深化为师生间心的交流，使评价真正触及学生的心灵深处。

纸上评语和成长记录。用书面语言评价代替口头语言评价的好处就在于给了学生一种阅读评语的渴望欲，给了学生一种相互交流的选择权，给了学生一种学习存盘的足迹感。

生活中，教育中，"第一"何其多，但真正被教育者"看中"并"看重"的却何其少。许多人的变化很多情况下是在"第一"次生发的。我们希望学生由于自己拥有阳光的"第一"而光彩，而不要因遭遇暗淡的"第一"而压抑。

02 教师的脸同样可以赢得学生的好感

读师范时我的一位电教老师给我留下了深刻的印象,他上课时总是眉头紧锁。记得他第一次走上讲台给我们讲幻灯机构造、原理和使用方法的时候,他严肃的表情让我们觉得这节课所讲的知识一定很难。但是,当第二节实践操作训练结束后,同学们都松了口气:他讲的内容竟非常简单。之所以出现这种情况,就在于教师脸上所呈现的负面情绪给课堂带来的不良影响。

情绪是能够互相感染和影响的,不同的情绪,会产生不同的效果。教师的情绪直接影响学生个体的情绪。对此,加里宁有个形象的比喻:"教师每天都仿佛在一面镜子里,外面有几十双敏感的、善于观察教师情绪的孩子的眼睛。他们在不断地盯视他,从而不断地感染着自己。"心理学研究表明,人的情绪对生活、学习、工作影响很大。喜爱、喜悦、愉快等良好的情绪可以使学生在学习活动中注意力集中,反应敏捷,记忆深刻,学习效率高;反之,怨恨、忧伤、厌恶等不良情绪会使得学生注意力不集中,反应迟钝,学习效率低下。

为了提高教学效率,使学生带着愉快的心情学习,课前,教师应该带着好心情走进教室,不能把生活中的不快乐带进课堂,更不能把生活中的不愉快发泄在学生身上。许多学校在教室门口的墙壁上放置一面镜子,我认为,它不仅仅是让学生照一照、看一看,教师在走进教室之前,也应该先照照镜子,不仅看看自己的穿着是否整齐,还应该看看自己的微笑是否挂在脸上。进教室后学生首先看到的是教师的脸,由教师脸上的表情来判断教师的心情。如果教师脸上笑容满面,心情一定很好,学生认定教师的教学会轻松愉快,学习的氛围可能就会宽松;如果教师阴沉着脸,心情大多不好,学生认定教师会很容易动怒,学习的氛围可能就会紧张。

曾经有一所学校实行教师"情绪假"制度,如果教师感到自己情绪不佳,难以保证教学的愉快,可以向教导处请"情绪假",教导处就会根据实际情况安排调课或代课。情绪不佳的教师可以去活动室、阅览室甚至回家调整好自己的情绪。这所学校之所以这样做,是已经意识到教师的情绪会影响到学生的学习心情。当课堂教学遭遇不如意或不顺心的事情,教师应控制好自己的不良情绪,不抱怨,不发火,应该依然能够心平气和地处理好学生的学习问题和思想问题。

人的情绪大多会显露在脸上,而教师的情绪还会波及他人,影响学生的学习心情。教师应学会管理好自己的情绪,做好自己的"面子工程"。

一、教师应该长一张微笑的脸

有一位联合国亲善大使到一个国家后,回来抱怨那个国家的人民都臭着一张脸。旁人听后问他自己有没有臭着一张脸。他恍然大悟。第二次去那个国家时,他就带着一张笑脸,结果看到的也是一张张笑脸。

是啊,别人的反应是自己所持态度的镜子。人的情绪是会传染的,你笑对他人,他人也会笑着对你。

笑容的传染还能产生良好的经济效益。美国俄亥俄州有家蒸馏工厂,连续两年亏损。新厂长丹尼尔上任后,随即就在工厂的醒目处贴出大幅标语:"如果你看到一个人没有笑容,请你把笑容分些给他";他还把厂徽改成一张笑脸;此外,他自己总是春风满面地和人打招呼。在他的笑容感染下,工厂三年未增任何投资,生产效率却提高了80%,在全美声名大噪。

笑容"传染"给了工人好心情,诱发出了工人的工作热情。笑声无疑是一种良好的情绪柔化剂,令人大脑立刻按动快门,记录下这一友善的瞬间。接下来,更容易接纳对方表达的内容。美国保罗艾克曼教授研究发现:人能在30米之外觉察到他人的微笑。

第一眼看到的微笑,无疑让人能够放心地接受。对一个人的整体评价如何,起决定性作用的往往是第一印象的三秒钟(参阅《静静等待并不会让学生的学习"静止"》一文中的"三秒钟定则")。这三秒钟,脸色的阴晴与否,决定了接下来双方关系的走向如何。那么,教师的笑容能否产生良好的教学效果呢?答案是肯定的。如果教师的脸上充满笑容,学生会有一种安全感,学习也就更能够发挥积极主动性,也更能够激发自己的学习潜力;如果课堂充满笑声,学生会有一种愉悦感,学习也就更能够轻松自如,也就更容易理解和掌握所学的知识。

在教育中,教师常常会因场合的不同而"变脸"。遇到好事,教师一脸笑容,遇到坏事,教师一脸愁容。如在对学生进行思想教育时,教师一脸严肃,板着脸,甚至会吼着教训学生。教师这样的表情会让学生感到忐忑不安,他们的反应大多是涨红着脸,或难过,以低头不语来应对教师没完没了的数落;或愤怒,以扭头不语来对抗教师没完没了的批评。有时学生心理的极度压抑会引发其逆反心理,他们可能也会吼着反对你的管教。

有些学生会以笑脸应对教师的红脸,此时教师会更加气愤,认为学生态度很不端正。实际上,有时学生的笑脸并不表示他的无所谓,而恰恰表示他的不对抗。从另一个角度看,学生在受教育时,为什么不可以笑着聆听教师的教诲呢?同样,教师为什么不可以笑着教导学生呢?此时学生会从教师的微笑中看到教师的真情与真意,最终微笑地接受教师的教育。

在教育中,教师常常会因年段的不同而"变脸"。幼儿园教师的脸最可爱,中学教师的脸最可怕。曾经听一位初一教师的数学课,教师从头讲到尾,一脸的冷漠,一眼望去,学生也是一脸的冷漠。这样的课,学生会学得有劲吗?

其实,除了人的情绪会传染之外,人的情思也会传染,除了人的表情会传染之外,人的表现也会传染。以前在学校任教时,我常常发现我的学生会模仿我的神态、言行甚至走路。由此我想到,教师确实应该注意自身形象,应该把自己最美的一面呈现在学生面前,这也就是言传身教中"身教"的一种含义。如教师具有爱心,我们会发现他的学生也会乐于帮助别人;教师写得一手好字,我们会发现他的学生也在努力把字写好;教师喜欢读书,我们会发现他的学生也喜欢读书;教师喜欢笑,那么他的学生一定也喜欢笑。

有怎样的教师就会有怎样的学生,此言甚是。反过来看,一些学生的不良行为可能是从教师那里传染到的,如有人说学生的说谎在一定程度上是教师教会的,因为教师在教育教学中的虚情假意与弄虚作假,学生看在眼里,记在心里。又如关于学生在课堂中不愿倾听和不会倾听的问题,佐藤学在《静悄悄的革命》一书中断定"在教室里,凡有不好好听别人发言的学生,肯定有不认真地倾听每个学生的一言一词的教师"。

总之,教师的脸是学生的一面镜子,学生从教师的脸上可以看到教师做人做事做学问的样子,学生的脸也是教师的一面镜子,教师从学生的脸上可以看到自己做人做事做学问的影子。

二、教师应该长一张和善的脸

曾经看到一位教师写的一篇日记——

那年我还是一名光荣的小学教师,学校组织看一部和雷锋有关的电影,当敬爱的雷锋同志被电线杆撞倒时,学生们哭得稀里哗啦。后来,一名女生在日记中写到了这一段,她说当她透过蒙眬的泪眼,在昏暗的影院里看到李老师的脸上没有一滴泪时,那一刻,她心中的偶像倒了。

教师的脸,教师的心,教师的脸部活动反映着教师的心理活动。上述案例,不仅可以告诉我们教师的脸是一面镜子,而且告诉我们教师的脸也是一部教材,学生能够从教师的脸上看到真善美,也能够从教师的脸上看到假大空。遗憾的是,教师没能意识到自己的脸部表情在教育中所起的镜子作用,做到把自己的真实情感及时反映在自己的脸上,以致学生误以为教师对此无动于衷甚至口是心非。

善良是为人师者的师德,是教师的精神所在,学生需要教师的友善。很多人都经历过患病就医,如果为你打针的护士和善温柔,尽管她并不漂亮,但你感到打针并不疼痛。如果你是带着孩子看病,更能体会到同样是打针或抽血,为何孩子面对那些态度和蔼的医生和护士会不哭,这就是和善的力量。

2012年,美国马里兰大学心理学系的助理教授库尔特·格雷等人进行的几项有关的研究①揭示了和善的多种作用。和善或友善不仅可以减轻疼痛,而且能让人愉快,甚至能让食物变得更为香甜可口。

第一项是对疼痛感觉的试验。研究人员把志愿者随机分成三组,两人一组,让其中一人在安全的情况下电击另外一人。不过,研究人员对三分之一的受试者透露,同伴是无意电击他们;而对另三分之一受电击的人透露同伴是有意电击他们;对最后三分之一的人透露说,虽然同伴是有意电击他们,但目的是帮他们赢钱。结果表明,认为同伴是出于无心(善意)的第一组的人感到的疼痛

---

① 参考:新华网,http://news.xinhuanet.com/world/2012—01/22/c—122615348.htm

明显轻于其他两组人。

第二项是对愉快的试验。研究人员让志愿者坐在电子按摩垫椅上接受按摩，但是启动按摩垫椅分别由电脑和参与试验的志愿者来完成。无论是由电脑还是由人来启动按摩，按摩过程都相同。当然，研究人员传递给被按摩者的信息是，由人来启动开关的是具有善意的同伴。尽管电脑启动按摩椅的过程比人操作更为平稳和有效率，但是所有接受按摩的人表示，由志愿者启动按摩椅开关后的按摩更让他们感觉舒服。

第三项是对食物美味的试验。研究人员分发给每名志愿者一包相同的糖果，上面贴有字条。其中一半的糖果包的字条上写着：这是我专门为你买的糖果，希望它能让你开心。但另一半的糖果包上写的是：无所谓，这是我随便买的。结果，凡是接受了写有"这是我专门为你买的糖果"糖果包的人，都认为这包糖果的味道特别好，而品尝另一包糖果的人则感到糖果的味道一般。

从上述科学试验我们可以想到，教师脸上表露出和善，会给学生一种友善的感觉。在教学中，教师的和善可以减少学生学习中的紧张情绪，也可以减轻学生学习受挫后的不愉快情绪。在沟通过程中，教师的和善可以减少学生的敌对情绪，也可以减轻学生犯错后的紧张情绪。

教师笑对学生也是一种和善，但和善不仅仅只是一种表情，更多的是一种态度，一种对待学生的态度，它植根在教师骨子里，流淌在教师心底。因此，教师的不笑并不一定代表教师的不善。只要教师充满善意，尽管脸上没有笑意，但学生依然能够从教师的表情、言语中感到教师的善意。反之，如果教师没有善意，尽管脸上充满了笑意，但学生依然能够从教师的笑中看出教师的不善。可以说，教师此种情形下的笑比不笑更让学生感到可怕。

三、教师应该长一张孩子的脸

怎么可以更好地走近孩子？怎样可以更好地走进孩子？这是教师经常思考的一个问题。有人说，"教育的智慧性就是一种以儿童为指向的多方面的、复杂的、关心的品质"，教师"在儿童面前要抛掉优越感，俯首倾听儿童"。我认为，教师首先应该在学生面前抛掉成人感，做与学生息息相通的"同学"，做与学生心心相印的"朋友"。

教育是一项充满着未知与憧憬的事业，也是一条永远年轻而欢快的河流。教育对象的年龄特点、童心气质、无邪心灵,决定了作为教育者的教师必须具有童心,应该有一点"孩子气"。教师要能够做回一个"大小孩",就必须拥有一颗童心、一双童眼、一张童脸,能够感受和看懂孩子们的世界。

有时候,人们在欣赏某位成功人士的性格时,喜欢说其"孩子气十足""显得很有孩子气",或者"孩子一般地笑了",诸如此类。其实,一位成功的教师,也往往会具有一颗童心,换句话说,就是有点"孩子气"。仔细观察和研究那些受学生欢迎、爱戴的教师,便会发现,他们往往都是童心十足、孩子气甚浓的教师。

青岛市经济技术开发区嘉陵江路第一小学教师、全国十佳小学班主任薛跃娥对"孩子气"的诠释是这样的:"每带一级学生,我都毫无保留地把自己儿时玩的游戏一一教给学生。如'丢沙包''花样踢毽子''跳大绳'等。在课间的校园里,我和学生们玩得快乐无比、忘乎所以。当然,学生也把他们喜欢玩的游戏教给我。学生教我跳皮筋,我很快就学会了。可是,学生教我转呼啦圈时,我全身都在晃,逗得学生哈哈大笑。为了能够与学生们一起玩呼啦圈,我坚持学了4天,直至学会。因为怕学生笑话,我每天下班回家后还偷着练。"

陶行知先生对"孩子气"的论述最为精辟:"未来的先生们! 忘了你们的年纪,变个十足的小孩子,加入到小孩子的队伍里去吧! 您若变成小孩子,便有惊人的奇迹出现:师生立刻成为朋友,学校立刻成为乐园;您立刻觉得是和小孩子一般大,一块儿玩,一处儿做工,谁也不觉得您是先生,您便成了真正的先生。您立刻会发现小孩子的能力大得很;他能做许多您不能做的事,也能做许多您以为他不能做的事。等到您重新生为一个小孩子时,您会发现,别的小孩子是和从前所想的小孩子不同了。我们必得变小孩子,才配作小孩子的先生!"

全国知名班主任郑立平的孩子气甚至使他显得有些"顽皮"。有一次,为激励一名学习有些浮躁的男学生,他故意和其打赌。他说:如果学生能取得全年级第一名,他就在吃饭时把学生从教室背到餐厅,并请学生吃一顿大餐;反之,就让家长扣除其积攒的所有压岁钱。结果,学生果然实现了自己的目标。于是,在学生的一路欢笑声中,郑立平背起了学生。尽管学生感觉不好意思,多次坚决要求下来,他还是蹒跚着将其背到了餐厅。他的充满孩子气的做法,把这名有些清高的学生彻底征服了。

类似的鲜活事例不胜枚举:为兑现承诺而爬着去学校的美国校长,因与学生打赌输了而吻猪的英国教师，与学生讨论"如果在客人面前放了个屁该怎么办"的日本教师……他们所表现出来的孩子气，既包含着真挚的爱心，更有教育艺术与教育者的足智多谋。

遗憾的是，多数教师身上缺乏这种孩子气。不少教师正襟危坐、不苟言笑、盛气凌人，显得古板、刻板、呆板，把一丝不苟与和蔼可亲相混淆，将严谨规范的作风与死板拘谨的做派相联系，久而久之，真的成了让人敬而生畏的"老学究"。如此这般，何谈走近学生？

童心与"孩子气"是儿童区别于成人的最基本特质。因为富有童心，孩子们才能够天真烂漫；因为具有孩子气，成人才会用儿童的眼光和视野去解读孩子的世界。于是，童心与"孩子气"就成为教师寻找生活乐趣与职业幸福的一条重要通道。教师有了"孩子气"，就会将现实生活中的许多灰色与成年的忧伤屏蔽掉，就会与孩子们一起用自己充满好奇和童稚的眼睛寻觅周边的神秘与真善美。从这个意义上说，找回童心与"孩子气"是教师克服职业倦怠、重燃激情的理性选择。

要有点"孩子气"，就要把理性与激情紧紧糅合在一起。我们所谈的"孩子气"，不是野马式的东奔西突，不是毫无原则的顺其自然，也不是盲目随意的哗众取宠，更不是引喻失义的师德缺位，而是一种更高层次的修炼，是一种情感智慧与实践智慧的有机结合。

03 用好色彩学能够让学生学习更精彩

在医院里，手术室的医生们所穿的白大褂，如今已改为浅绿色。这是为什么呢？人眼在长时间内观看一种色彩时，视神经易受到刺激而疲劳。为了减轻这种疲劳，视神经便会诱发出一种补色做自我调节。而当目标转移后，作用于视神经以减轻疲劳的"补色"并未马上消失。红色的补色是浅绿色。医生在手术过程中，眼睛看到的总是红色的血迹。时间一长，偶尔把视线转移到同伴的白大褂上，就会看到斑斑点点的"绿色血迹"，使视觉产生混乱而影响手术效果，甚至有可能造成重大事故。而用浅绿色的布料制作手术服，就可以消除这种错觉，确保手术顺利进行。这是生活中的色彩学。

在学校教育中，教师也经常使用彩纸或彩笔布置环境，但只是为了环境的好看。在课堂教学中，教师更多地在美术课中用彩色粉笔作画，这是教学内容的需要，其他课中用彩色粉笔大多只是为了引起学生对板书内容的注意。然而，教师很少有意识地去考虑色彩对学生身心发展的影响，教师需要研究教育中的色彩学。

一、色彩对智力的影响

一篇题为《色彩对婴幼儿智力的影响》的文章介绍：颜色不仅对人的视觉有影响，而且对人的智力也有影响。美国《华尔街日报》告诉我们10个激活大脑的小方法"用蓝色装饰环境；适当喝点酒；做白日梦；把自己想象成孩子；放声大笑；想象自己身处远方；少说晦涩的词语；换个工作环境；走到外面看看；去繁华的地方"。其中的第一条就是颜色对大脑的影响。最新研究结果[①]表明：如果婴幼儿经常生活在

---

① 参考：网易，http://baby.163.com/11/1209/12/7KR5JTV900262HRM.html

黑色、灰色和黯淡等令人不快的色彩环境中，会影响大脑神经细胞的发育，使孩子显得呆板，反应迟钝和智力低下；如果孩子在五彩缤纷的环境中成长，其观察、思维、记忆的能力都高于普通色彩环境中长大的孩子。因为人的大脑喜欢色彩，平时使用有色笔或有色纸，颜色能帮助记忆。

有一名心理学家花了 3 年时间，研究色彩对婴幼儿智力的影响。他让孩子们在漆成不同颜色的环境中玩耍、游戏和学习。结果发现，在那些颜色"好看"（如淡蓝、黄、黄绿和橙色）的房间里，孩子们的智商比平时高出 12 点之多，孩子们变得机敏和富有创造性；而在颜色"难看"（如白、黑、褐色）的房间里，孩子们的智商却比平时低，人也显得迟钝。他的研究表明："好看"的颜色会使人的身体感到舒适，情绪得到平复，行为变得灵活、协调。

二、色彩对情绪的影响

我们的学校应该给学生一个多彩的校园环境，让学生拥有一个多彩的学习生活。由此想到学生的校服是否要统一？如果统一，一眼望去，映入眼帘的都是灰蒙蒙（许多学校的校服都采用深色）的一种颜色，这样单调的色彩对学生的情感抒发和个性张扬有没有影响呢？下面的事例或许对我们有所启发——

电影明星林心如在北京买了一套房子。新家有一面姹紫嫣红的水墙，且水墙的色彩可以根据人的心情随时改变。有客人来了，林心如会问客人："你今天心情怎样？"若是客人心情好，林心如便会在水墙边取一个小瓶子，用滴管在瓶子里吸两滴无色透明液体滴进水墙，刹那间，一整墙的清水马上变成艳丽的红色，在灯光的映照下，如红宝石般璀璨。如果客人说自己心情烦躁，她也会取一个小瓶子，在里面吸两滴同样无色透明的液体滴进水墙，水墙便立即变得如海水般湛蓝，让客人烦躁的心情顿感舒缓和放松。看过的朋友都大呼神奇，纷纷想效仿，于是，林心如拿出一张纸开出神秘配方：石蕊试剂、白醋、苏打水。水墙里是掺了石蕊的清水，石蕊遇酸变红，遇碱变蓝，喜欢什么颜色，可以一手控制，这是中学的化学知识。

红色可以营造热烈的氛围，蓝色可以让人情绪平静。不同的颜色会对人的心理产生不同的效应，颜色在一定程度上还能左右人的情绪和行为，不同的场合需要不同的色彩来渲染气氛。曾有人做过这样的训练:把一间餐厅,墙壁涂上不同的颜色请顾客光临。第一天的餐厅是黑色的,几乎没人来;第二天是红色的,顾客寥寥无几,即使有人来,没坐几分钟也就走了;第三天是淡绿色的,结果高朋满座,顾客用餐后,还闲坐长聊,久久不肯离去。

色彩本身是没有灵魂的,它只是一种物理现象,但人们却能感觉到色彩的情感,这是因为人们长期生活在一个色彩的世界中,积累着许多视觉经验。一旦经验与外来色彩刺激发生一定的呼应,就会在人的心理引出某种情绪。

要了解颜色对人情绪的作用,首先要明白作为一种外界刺激,颜色是怎样被我们的大脑处理的。生理心理学的研究表明感受器官能把物理刺激(如光、声和化学物质)转化为神经冲动,再传至大脑产生感觉和知觉,而人的心理过程——如对先前经验产生的记忆、思维和情绪等,都是大脑皮层较高级部位以一定方式所具有的机能,它们反映了神经冲动的实际效应。科学家们发现,肌肉的机能和血液循环在不同波长的色光的照射下会发生变化,蓝光最弱,随着色光变为绿、黄、橙、红而依次增强。与生理变化相对应,人的心理也会发生不同的变化。

例如红色,在生理上能够使人心跳和血流加快,易兴奋易疲劳,在心理上则使人感觉到活泼,温暖和兴奋。所以,在教室中,一般标语或标题用红色,突出其重要性,而墙壁一般不涂成红色,并且也不提倡教师穿大红服装,一是为了防止吸引学生的注意,二是为了防止学生视觉的疲劳。在教学中,在需要学生注意的地方,如知识的重点处,教师一般会用红色粉笔标出。除此,我们需要进一步思考的是,除了大量使用红色粉笔,我们还可以在哪些地方使用其他颜色的粉笔来激发或反映不同的思想感情?

案 例

不同的色彩,不同的心情

一位教师在板书课题《"精彩极了"和"糟糕透了"》时,"精彩极了"用红色粉笔写成漂亮的美术字,体现"我"七八岁时对母亲"精彩极了"这一评价"得意扬扬"的心情;"糟糕透了"则用蓝色粉笔写成"枯笔",体现"我"得到父亲"糟糕透了"评价时的伤心。这样有助于学生理解文本内容。

另一名教师在板书《游园不值》一诗时,一名学生建议:"用灰色的粉笔或白色粉笔板书一二两行诗,因为诗人一心想要拜访好友,居然吃了'闭门羹',心情郁闷,周围的一切都是灰暗、苍白、毫无生机的!而当发现了冲出墙外的'一枝红杏'时,心中大喜,他看到了新生事物的蓬勃生命力。于是这后面两行应该用红笔来写!"学生说得多好啊,粉笔的用色,用准、用好,都是基于他们对文章的理解!

人的大脑是喜欢色彩的。美学上说,色彩是打动人的第一要素。上述案例中,师生很好地运用了色彩学,形象生动地体现了作品所表现的思想情感,让人一目了然。

红色具有正面影响,也存在着负面影响。美国罗彻斯特大学心理学教授安德鲁·埃里奥特研究[1]证明,人的心情、行为甚至思想都会因为颜色而出现波动。其中,红色对人的影响最大,瞥一眼都会左右人的情绪。研究人员对上百名学生进行测试,每人拿到一份左上角涂抹着不同颜色的考卷,考试前,他们已经获得了所有答案。结果显示,拿到红色试卷的人考试中格外紧张,频频出现错误。而拿到绿色考卷者心态最为平和,基本不受影响。

由此想到,教师在给学生评改试卷和批改作业时,普遍都使用红笔。打红叉虽然容易让学生警觉,但也会让学生紧张,如果改成蓝笔批阅,是否会少给学生一些心灵的刺激?多给学生一些人文的关怀?学生是否会更乐意接受?我想,教师不妨一试。

案例

教师打红叉遭学生投诉

国内有一名教师到国外任教不久,就遭遇一名外国学生投诉。原来,她在批改

---

[1] 参考:共同语言,http://www.ilife4s.com/article—57324—1.html

试卷时,对一道学生应该做对而没有做对的试题,出自心中的不满,习惯性地随手打了一个大大的红叉。

看到这样的案例,首先我们应该想到,人的情绪会影响人的行为,教师如果出于对学生的爱护,就不应该情绪激动,也就不会愤怒地打上一个大叉;其次我们应该想到,叉的颜色会影响人的心情。于是,我们可以进一步思考:教师首先心态应该平和,其次改用蓝笔批阅是否更能吻合自己爱护学生的态度,是否也更容易让学生体会到教师的爱护。

下面,我们再来看一看其他颜色对人心理的影响及其在教育中的应用。

黄色:这是一种健康鲜活的颜色,象征温情、华贵、欢乐、跃动和活泼。黄色能促进血液循环,增加唾液腺的分泌,引起食欲。家庭的餐厅适用黄色,学校的餐厅同样适用黄色。家庭或幼儿园里孩子的儿童房间也可以用这种轻松的色彩。

绿色:这是一种令人感到稳重和舒适的色彩,具有镇静神经、降低眼压、解除眼疲劳、改善肌肉运动能力等作用,对人的视觉神经最为适宜,是视觉调节和休息最为理想的颜色。由此可见,教室的墙壁四周涂成绿色要比白色好,可以减少学生的学习疲劳和减轻学生的消极情绪。另外,现在的一些作业本的纸张带有一点绿色,可能也是出自保护学生视力的考虑。还有一些学校的黑板改成绿色的板面,作用也是如此。

蓝色:很容易使人想到蔚蓝的大海、晴朗的蓝天,是一种令人产生遐想的色彩,具有调节神经、镇静安神、缓解紧张情绪的作用。所以,教学中,在让学生进行知识想象时,或者在介绍一些诗情画意的知识时,屏幕的背景不妨设置成蓝色。

还有研究表明,办公室的装饰以蓝色和黄色为主,职员的工作效率会更高,因为蓝色和黄色是天空和阳光的颜色。由此想到,教师的办公室是否可以以蓝、黄作主色调?

粉红色:粉红色是温柔的最佳诠释,这种红与白混合的色彩,非常明朗而亮丽,粉红色意味着"似水柔情"。经实验,让发怒的人观看粉红色,情绪会很快冷静下来,因粉红色能使人的肾上腺素分泌减少,从而使情绪趋于稳定。由此我想,教师在忍不住对学生发怒时,不妨先看一眼粉红色,提醒和帮助自己稳定情绪。

案例

6个孩子都是博士①

全惠星被誉为"韩国首席妈妈",她用自己的方式震撼了世界。她将6个子女全部培养成哈佛大学和耶鲁大学的博士。

由于对孩子培养方法的热爱,1972年,全惠星在美国成立了东岩文化研究所,从事文化和人类发展的研究。作为研究所一个课题成果,全惠星得出一个发人深省的结论:智商超群的人往往并不成功,而那些著名人物,其智商并不一定比常人高,他们经过努力,反而取得了伟大的成功。全惠星认为,其中的原因是成功者往往能够长时间精神集中,从而把自己的智能发挥到极点。为了锻炼孩子们集中精神的能力,全惠星想了不少办法,但效果都不好。

有一天,她去巴厘岛度假,在海岸边的礁石上,发现两位正在练印度瑜伽的姑娘。她们盘膝而坐,面朝大海,在她们面前放着一块黑色的板子。全惠星纳闷地问:"这块黑板是做什么的呢?"两位姑娘告诉她,这块黑板是为了让目光紧紧地盯在上面从而入静。全惠星问:"为什么是黑色的?"姑娘的回答很有哲理:"黑色是一种虚无,看到黑色,能达到虚无的更深处。"

全惠星恍然大悟。回到家里,她就和丈夫高光林一起做了块"黑板"。"黑板"面积约6平方米,上面贴着一层纯黑色塑料膜,像一块黑色的幕布。中央有一只小小的蓝色闪光灯,每隔一定时间,闪光灯就会闪动一下。

每天晚上临睡觉前半个小时,训练课开始进行。全惠星要求孩子们在盯着"黑板"的同时,大脑要停止一切思维。有时孩子们不知不觉中,精神就"溜号儿"了。这时,"黑板"正中的灯闪动起来,一个声音提醒道:"请不要想任何事情,请不要想任何事情……"

经过半年的训练,孩子们大多能保持十多分钟"零思维"状态。这种强大的入静能力,提高了对大脑思维活动的控制力,这种能力,使得全惠星的孩子们能够在

---

① 来源:《新一代》2012年第7期,作者:玉兰

学习时极高度地集中精神,从而极大地提高学习效率,也极大地提高了分析能力和创造能力,为他们以后的成功,打下了牢固的基础。

从上述案例看出,我们学校教室中的黑板之所以是"黑"板还是有道理的,它不仅可以突出白色的粉笔字,让学生看得更清楚,而且可以集中学生的注意力,让学生看得更认真,如同黑色能够吸收光线,黑色能够吸收人的视线。看来,绿色黑板和黑色黑板各有千秋。而现在还出现了白板,以及投影屏幕,尽管写出的和投出的白底黑字同样醒目,但可能就没有"黑"板所具有的独特功效,由此看来现代化教学依然不能抛弃传统的黑板。

一般来说,红色容易使人兴奋,蓝色容易使人安静,绿色容易使人具有活力。各种色彩都可以对我们的心理和生理产生不同的影响,它们的不同作用可以归纳为下面这个表格:

色相	生理作用	心理作用
红	心跳血流加快,肾上腺素分泌增加,易兴奋易疲劳	活泼,生动,温暖,兴奋,扩张
橙	血液循环加快,食欲增强	活泼,兴奋,明亮,成熟,愉快
黄	刺激神经和消化系统	轻松,平静,明亮,愉快,幸福
绿	心跳平稳,血压降低	安宁,稳定,轻盈
蓝	心跳平静,呼吸沉稳,血压降低	凉爽,冷静,有哀伤和消极感
紫	压抑运动神经、淋巴系统和心脏系统	幽雅,神秘,娇贵,忧郁,不安

颜色对体育也有着很大的影响。近年来,国内外人类学、体育学界研究者[1]都陆续发现,参赛运动员服装的颜色对体育比赛结果有影响。总体看来,颜色对比赛结果的影响研究呈如下趋势:在个人项目和集体项目比赛中,当双方实力相当

---

① 来源:《体育科技文献通报》2012年第5期,作者:邓伟,李会明,段义龙

时,穿红色服装的运动员和运动队会赢,选手都没有穿红色比赛服而是穿蓝色或白色时,穿蓝色服装的运动员和运动队会赢。研究者对造成这种结果的解释是,队服的颜色首先在生理上造成了运动员植物神经系统内稳态的偏离。比如,红色刺激可以使运动员的心跳加快,血压升高,呼吸系统活动增强,大脑皮质处于兴奋状态,交感神经兴奋,内分泌系统代谢加快,这一系列的生理变化又进一步影响到运动员的情绪体验。不难想象,在红色刺激下,那些情绪高涨的运动员很可能会成为最后的冠军。由此我想,队服如此,那学生的校服该采用怎样的颜色为好?单一颜色好还是多种颜色组合好?另外校服是否要统一?这些都值得我们研究。

三、色彩对性格的影响

相应地,喜欢不同颜色的人是否性格也有所不同呢?美国著名儿童心理学家阿尔修勒博士曾进行过为期一年的儿童色彩调查研究。研究发现,对于孩子们来说,色彩有其固定的意义。一般说来,酷爱黄色的孩子依赖性较强,宁愿一辈子扮演小孩子角色;爱好蓝色的孩子则具有老大或自私的倾向;红色意味着性格较为刚烈,调皮而感情丰富;粉色除了象征着充满爱心外,也意味着具有高度的审美观,优雅,温柔,体贴;紫色是爽朗的代名词,个性上较为随和,没有什么心机,具有宽容的胸怀以及极强的好奇心和上进心;喜欢橙色的孩子个性较为活泼外向,人缘很好,但有点自我中心,不懂得体谅别人,有点粗枝大叶。值得注意的是,如果孩子酷爱紫、黑、墨蓝等颜色,就要探究其心理背景了。

专家的这些结论对于我们观察孩子的个性有一定的指导意义,但并不能绝对化。孩子对颜色的偏好与执着并非与生俱来的,它是在成长中受到家庭、环境和教育的影响而形成的。这提示我们应重视色彩在孩子心理发展中的影响。因此,我们在为孩子选择生活家具、游戏玩具、学习用具甚至图书时都应仔细考虑颜色因素,为孩子搭配出一个缤纷且健康的彩色环境。

色彩与孩子的心理及情绪有着相当的关联性,是项灵敏的指示器,色彩偏好与性格有很大关系,孩子对色彩的选择,甚至可以透露出他当时的情绪是快乐还是忧伤,这些都是教师应该掌握的色彩心理学。

四、色彩对观察的影响

色彩分为冷色与暖色。冷暖的色调并非来自物理上的真实温度,而是与人们的视觉与心理联想有关。另外,色彩的明度与纯度也会引起人们对色彩物理印象的错觉。高明度和暖色犹如灯火使人感到亲近,而低明度和冷色犹如远山令人感到遥远,高彩度和明色像花朵一样让人感觉轻盈,低彩度和暗色则像泥土一样使人觉得沉重。此外暖色还具有扩张感和动感,而冷色则具有收缩感和静感。下面的教学案例中,如果教师懂得这样的色彩学,就不会犯那样的科学"错误",而会合理地选择和使用素材——

案例

法国的国旗与"$\frac{1}{3}$"

一位教师在教学"分数的认识"时,有一个"寻找生活中的分数"教学环节,展示了法国国旗(如右图),让学生说出各部分面积占整个面积的$\frac{1}{3}$。

乍一看,法国的国旗好像就是一分为三的,是教学的极佳素材。然而,法国国旗中蕴含的知识远非我们想象的那么简单:法国国旗的图案是红、白、蓝三色条纹。最初设计时,国旗上的三条色带宽度完全相等,但是,当制成的国旗升到空中后,人们总觉得这三种颜色在国旗上所占的分量不相等,似乎白色的面积最大,蓝色的最小。

为此,设计者们专门招集色彩专家进行分析,发现这与色彩的膨胀感和收缩感有关。当把这三色的真实面积比例调整为蓝:白:红=37:30:33时,看上去反而相等了。

上述教学案例反映了颜色的色调对教学内容的影响,也说明了教师选材要慎重。教师要懂一些色彩学,让学生明白这道题所反映的视觉效应。不过,尽管法国国旗每一种颜色的部分占国旗全部的$\frac{1}{3}$是不科学的,但这个例子仍旧可以作为认识"$\frac{1}{3}$"的生活素材使用。如果运用得好,可以进一步加深学生对分数本质的理解,培养学生严谨且不失灵活的数学品质。可以预设,一开始学生都认为这是 $\frac{1}{3}$,此时教师可简要介绍法国国旗的设计过程,再让学生说说还能不能用 $\frac{1}{3}$ 表示。接着,教师引导学生思考"像这样看起来像 $\frac{1}{3}$,其实不是 $\frac{1}{3}$ 的,如何介绍",引出"大约是 $\frac{1}{3}$"的说法,这样就达到形象性与科学性的统一。

综上所述,彩色是生活的本来面貌,热爱颜色也是学生的本来面目。合情合理的色彩调适,不仅可以调节学生的学习心情,而且可以调动学生的学习热情。要让学生能够多姿多彩地学习,我们首先要给学生多姿多彩的学习环境。

04 流行文化的精华会滋养教育的精气

随着商品经济的发展以及多种传媒的兴起，流行文化迅速渗透日常生活的各个角落，改变了我们每个人的生活。学生耳濡目染，无不深受影响。考虑到一些低俗流行文化对学生的不利影响，学校教师一般都会把流行文化排除在教育之外，以求给学生一个纯净的学习环境。然而，教育不是真空，无论教师怎样努力，流行文化还是不可阻挡地走进学校教育的教学活动中。下面的一则笑话似乎说明了这点——

> 语文课上，老师问："有哪位同学知道曹植作《七步诗》时的感受？"
>
> 某名特别喜欢湖南卫视的同学激动地说："老师，我知道！我知道！
> 步步惊心！"
>
> 老师狂汗！

无疑，笑话中学生回答的"步步惊心"并非书本语言，而是受到了当时正在热播的电视连续剧《步步惊心》的影响，虽然是"笑"话，但在现实教育中，流行文化对学生的巨大影响却实实在在地存在着，这却不是笑话。对此，聪明的教师并不会一味地反对流行文化，其实也反对不了，而是去其糟粕取其精华，为教育所用。流行文化从功能和效用的角度看，可以说是一种令人愉快的娱乐和欣赏方式，具有如下特征：一是通俗性，容易看懂、听懂和读懂；二是时尚性，非常前卫、时髦；三是有强烈的煽动性，容易引起人的情绪起伏；四是易接受性，容易为青少年学生接受。如果我们所教的知识文化也具有这些流行文化的特点，何愁学生的学习不生动活泼？

一、用通俗歌曲唱响课堂

在语文教学中,教师总是想方设法引导学生亲近经典,但是经典文本一直处于高高在上的地位,它的威严感使得很多学生"高山仰止",望而却步,导致经典文本教学很难见成效。对此我们不妨转换思维,将流行文化引入经典文本中,以实现经典文本与流行文化的对接,实现学生学习的"浅入深出"。

学生都很熟悉流行歌曲,喜闻乐道,张口就可以哼唱。但鲜有学生自觉地在流行歌曲中学习语文,大多借流行歌曲发泄内心的情绪。语文教师可以充分利用学生对流行音乐的热爱,以流行音乐引导学生关注经典。如以《在水一方》《春花秋月何时了》《怒发冲冠》等流行歌曲来导入对古典诗词《蒹葭》《虞美人》《满江红》的解读,并通过两者的对比,加深学生对诗词的了解。笔者曾在《人民教育》上看到孙庆晓老师上的一节课——

案 例

《在水一方》与《诗经·蒹葭》

课的内容是《诗经·蒹葭》。孙老师告诉学生,歌曲《在水一方》就是根据这首古诗改编而成的。学生们兴奋起来,请求她:"老师,你唱唱吧!"

果真,孙老师放下预设的教学进程,放声高歌,学生们听得如醉如痴。一曲既了,掌声雷动。

"只有音乐,才能把学生带入'蒹葭苍苍,白露为霜'那种朦胧的、不可言说的意境之中。依靠单纯的讲解和翻译,怎么能带学生进入这样一种审美的境界?"在孙老师的课堂上,总是充满着音乐。她认为,音乐的美和文字的美是相通的。

又如教余光中的《乡愁》,可以让学生为此诗赋曲,改编成自己喜欢的流行歌曲并演唱,在心灵的共鸣中体会浓郁的思乡之情。

最近在杂志上看到一篇题为《神曲纷纷穿上"诗经"的马甲》的文章。继歌坛融入古诗词的"复古风"流行之后，不少网友反其道而行之，将一些流行歌曲的歌词改编成"诗经体"，例如：

> 《月亮之上》歌曲的原文版：我在仰望，月亮之上；有多少梦想在自由地飞翔。昨天遗忘，风干了忧伤；我要和你重逢在那苍茫的路上。生命已被指引，潮落潮涨；有你的地方，就是天堂。

> 《月亮之上》歌曲的古文版：予遥望兮，蟾宫之上；有绮梦兮，烁烁飞扬。昨已往兮，忧怀之曝尽；与子见兮，在野之陌青。牵绕兮我怀，河升波涨；美人兮相伴，斯是阙堂。

由此我想，如果教师呈现《月亮之上》等流行歌曲的"诗经体"（事先不告诉学生歌名），让学生"翻译"成现代文，结果发现竟然是自己耳熟能详的《月亮之上》等流行歌曲的歌词，这样可以唱出来的古文翻译活动将别有一番韵味。

在语文课中，另一个老大难是作文教学。余华曾经说过："音乐的叙述与文学的叙述有时候是如此的相似，它们都暗示了时间的衰老和时间的新生，暗示了空间的转瞬即逝；它们都经历了段落和开始，情感的跌宕起伏，高潮的推出和结束时的回响。"由此启发我们，在作文教学中，教师也可以引入流行音乐。

例如，学生都很喜欢《丁香花》这首流行歌曲："多么忧郁的花，多愁善感的人啊，当花儿枯萎的时候，当画面定格的时候。多么娇嫩的花，却躲不过风吹雨打，飘啊摇啊的一生，多少美丽变成的梦啊。就这样匆匆你走了，留给我一生牵挂"。这首歌运用象征的写作手法，表面写丁香花，实际写了像丁香花一样的女孩。全文紧紧围绕"丁香花"从不同角度来撰写，不仅写出了丁香花的"忧郁、娇嫩"，更写出了经历了风雨之后丁香花的残落。歌词前后话题统一，让人顿生对美好事物逝去的伤感。通过分析讲解，学生更深刻地理解了这首歌，对作文的写作方法也有了深刻的领悟。

二、用文艺作品包裹知识

2012年，《黄金大劫案》等一批影片热闹上映。其中有一个情节是男主角小东北从包租婆那里获得了用王水来溶解黄金的灵感，拉来一车王水将日军用来买军火的 8 吨黄金化为溶液，冲到了松花江里。有观众从化学角度出发，对"王水溶解黄金"的情节提出了质疑:"王水能溶黄金,溶不了汽车?"面对质疑,导演宁浩称,剧组早就已经注意到这个问题,所以当时就把罐体车尾部设置了两个出水口。罐内分层,分别放置盐酸和硝酸,避免提前混合腐蚀车体。

又如,《大侦探福尔摩斯》中的福尔摩斯是个知识渊博的文武全才,化学、物理知识相当丰富,有观众一度感叹,没有一定的化学物理知识,恐怕跟不上电影情节。片中有一幕,福尔摩斯发现杀人现场的浴缸上有残留的硫酸铜结晶,怀疑嫌疑犯使用了化学杀人方法。福尔摩斯的理由是,被害人习惯用纯铜浴盆泡澡,凶手利用铜与水反应,使被害人因重金属中毒而亡。凶手怎样让铜进到水里去继而渗入人体呢?影片后来揭示,凶手在洗澡水中加入了硫酸,硫酸被稀释了,不会直接烧伤泡澡的人,但硫酸与铜产生反应,一缸洗澡水变成了硫酸铜毒液。重金属的有毒物质令被害人的神经慢慢麻痹,最后彻底失去知觉。福尔摩斯赶到现场时,洗澡水已被笨警察放光了,只留下少许硫酸铜结晶。但就是凭这一点蛛丝马迹,凶手无所遁形。

在教育中,教师不妨鼓励学生多看看这种富含知识的影片,让学生领教知识的力量。在教学相关知识时,教师也不妨以这样的影视作品作为教学材料。此外,教师也可以对其中的影视内容进行加工处理,挖掘其中隐含的科学知识。

如根据台湾小说家林海音的代表作拍成的电影《城南旧事》中有一首京味儿十足的儿歌:"虫虫虫虫,飞!虫子,虫子,一大堆!"有趣的是,台湾彰化县的一名中学老师,对这首儿歌进行了巧妙构思,竟将它编成了一个算术等式"虫虫虫虫×飞=虫子×虫子+一大堆"。这里每个汉字都代表一个阿拉伯数字,不同的汉字所代表的数字也不同,其中"飞"是一位数,"虫子"是两位数,"一大堆"是三位数,"虫虫虫虫"是四位数。你能求出唯一的解吗?正确答案为:$9999 \times 1 = 96 \times 96 + 783$。

除了影视作品,诗歌作品中亦能发掘出数学知识。如诗人徐志摩的《再别康桥》为人们广为熟悉和传诵:"轻轻的,我走了,正如我轻轻的来,我轻轻地招手,作别西天的云彩。……悄悄的我走了,正如我悄悄的来;我挥一挥衣袖,不带走一片云彩。"中国人民解放军军医大学数学教授、著名科普作家谈祥柏把诗中经典的诗句编成了一个非常生动有趣的算术谜,让众多数学爱好者在欣赏这则名篇时,又得到数字研究的乐趣,可谓相得益彰。这则算术谜构造也非常奇特,它是一个等式组(相同的汉字表示0~9中相同的数字,不同的汉字代表不同的数字,开平方得出的数,当然都是整数):

$$\begin{cases} \sqrt{轻轻的} = \sqrt{我} + 走了 \\ 正 - 如 \div 我 = \sqrt{轻轻的} \div \sqrt{来} \end{cases} \qquad 答案为: \begin{cases} \sqrt{225} + \sqrt{4} + 13 \\ 7 - 8 \div 4 = \sqrt{225} \div \sqrt{9} \end{cases}$$

上面两则算式谜把数理知识与电影艺术、诗歌艺术融为一体,任何人都可以用不太复杂的逻辑推理手段把结果推断出来,是学生很好的课外学习方式。

一些优秀的影视作品,一些优美的诗歌,学生都喜闻乐见。在课堂教学中,我们可以把一些具有教育意义的影片引入课堂,帮助我们创设情境,帮助学生理解知识。

例如,一名教师在教学《环境保护》一课时,播放灾难影片《后天》中温室效应带来全球变暖引发空前灾难的经典场景:冲天巨浪疯狂涌进纽约市。自由女神像被淹没,千家万户瞬间沉没在汪洋之中。万吨巨轮竟被冲进楼宇之间。转瞬间气温骤降,浩瀚汪洋中的纽约城变成冰封世界,只留下自由女神像的头部露在冰雪之外。学生受到强烈的视觉震撼和心灵共鸣,此时让学生分析讨论:"地球为什么会变暖? 温室效应是怎么回事? 引发温室效应的原因是什么,有什么危害? 我们已经采取了哪些保护措施? 你对影片中美国不签署限制温室气体排放量的《京都议定书》有何评价?"在思考这些问题的过程中,不仅传递了知识,更培养了学生的社会责任感和使命感,帮助形成正确的价值观。

又如一名教师在讲煅烧石灰石时,朗诵明代于谦的《咏石灰》引入,"千锤万凿出深山"是形容开采石灰石很不容易,在这句诗中反映的是物理变化;"烈火焚烧若等闲"反映的是化学变化,煅烧石灰石生成生石灰和二氧化碳。加"若等闲"三字,又使人感到不仅是在写煅烧石灰石,还象征着志士仁人无论面临怎样严峻的考验,都从容不迫,视若等闲;"粉身碎骨浑不怕"极形象地写出不怕牺牲的精神。"粉身碎骨"所体现的是物理变化;"要留清白在人间"更是作者在直抒情怀,立志要做纯洁清白的人。这样的教学方式,学生对教材中石灰石、生石灰、熟石灰间转化的化学方程式有了深刻的理解,同时得到做人的教育,效果颇佳。

除了影视与诗歌作品,一些神话故事中也包裹着学生学习的学科知识。如医生的处方笺上通常有一个奇特的符号(如右图),其实这个符号源自一个名为"荷鲁斯之眼"的古代埃及神话故事。这个故事中也包含着数学知识,可以作为学生的课外阅读。

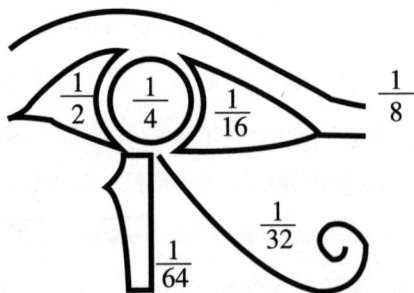

故事发生在大约 5 000 年前的埃及,荷鲁斯是冥王之神欧西里斯和海神艾西斯的儿子,欧西里斯被自己的弟弟罪恶之神赛特谋害,儿子荷鲁斯为父亲报仇便与叔叔赛特决斗,搏斗中赛特打瞎了荷鲁斯的一只眼睛。伤痛欲绝的母亲艾西斯匆匆招来智慧之神多特,设法救治荷鲁斯受伤的眼睛。虽然多特有治疗眼睛的巫术,但前提是他必须要找全荷鲁斯受伤眼珠的碎片。多特不愧为是智慧之神,他在寻找和拼凑荷鲁斯眼睛的过程中,利用了早期数学的分数和等比数列等概念。假设荷鲁斯一只完好的眼睛为 1,那么,眼珠为 $\frac{1}{4}$,眼眶是 $\frac{1}{8}$,两个眼睑各为 $\frac{1}{2}$ 和 $\frac{1}{16}$,眼皮和泪痕部分各为 $\frac{1}{64}$ 和 $\frac{1}{32}$。但这仅仅是一只完整眼睛的 $\frac{63}{64}$,还缺少 $\frac{1}{64}$,多亏了多特的神奇巫术的补加,才恢复了完整的眼睛。我们很难考证这个传说的真伪,但是,等比数列被巧妙地运用于治疗眼疾的神话,的确该算是艺术与数学从内容到形式的完美结合。

在文娱节目中,流行歌曲混唱,这种形式深受大家的喜欢。类似地,在教学中,有人有意把教材中的经典寓言故事《龟兔赛跑》《守株待兔》《揠苗助长》也混串成一个故事:"一次,乌龟和兔子赛跑,结果兔子太骄傲,被乌龟抢先了。兔子拼死狂追,结果撞到树上死了,恰巧一农夫经过这里,拿起兔子回家煮了吃,从此他便整日守在这里,不干活。庄稼短了不少,然后他就把庄稼一一拔高。"这样富有趣味的故事大串联,很容易在学生中间流传开来,不失为一种记忆方法。

三、用幽默段子传播学问

幽默笑话,人见人爱。并非所有的笑话都是"无厘头"的调侃,有些笑话并非只是一个简单的笑话,还包含着一定的知识成分。如果让学生读这样有内涵的笑话,一笑过后,不仅能够从中收获一定的人生道理,还能够收获一定的知识道理。

例如,教学乘法口诀后,教师不妨让学生读一则题为《谁蠢》的笑话,可以加深学生对"三八二十四"这句口诀的印象:有两人大吵一天,一人说三八二十四,一人非说三八二十一。相争不下,告到县官堂上。县官听罢:"去,把说三八二十四的拖出去打二十大板。"说三八二十四的人不满:"明明是他蠢,为何打我?"县官答:"跟说三八二十一的人能吵一天,还说他蠢,不打你打谁?"

同样,有一则在群众中盛传的笑话叫《趣解一周》:一周七天英语怎么说——星期一"忙 day";星期二"求死 day";星期三"未死 day";星期四"受死 day";星期五"福来 day";星期六"洒脱 day";星期天"伤 day"。这样中英混搭，其中文意思道出了一个人一星期中的情绪变化，其中文读音恰好与英文单词的前缀读音大致吻合。这则笑话如果拿给学生阅读，是否可以快乐地帮助学生记忆一周七天的英语单词的读音呢？

上述的一些笑话可以让学生在笑声中记忆知识，而下面的一些笑话则能让学生在笑声中纠正不正确的认识。

例如，教学"分数的基本性质"后，教师不妨让学生读一则题为《吉利》的笑话，让学生运用所学知识指出其中的问题：大年三十，夫妻俩在家里吃年夜饭，吃到高兴时，妻子放宽了"禁酒令"，允许丈夫喝点小酒助兴。丈夫见机不可失，急忙举起酒杯，对妻子说道："斟满！"妻子瞥了丈夫一眼，说："只准倒三分之一杯。"丈夫讨好地说："过年图个吉利，要个双数，二分之一，可好？"妻子大喝一声："那就六分之二吧，分子分母都是双数！"

再如曾经在 QQ 中疯传的下面两个算式，在我们惊讶过后，如果拿给学生去破解其中的漏洞，无疑就给学生提供了一道相关知识的数学练习题。

$$a = b$$
$$a+a = a+b$$
$$2a = a+b$$
$$2a-2b = a+b-2b$$
$$2(a-b) = a+b-2b$$
$$2(a-b) = a-b$$
$$2 = 1$$

科学？
你给我解释解释什么是科学

这就是通货膨胀

求： 1元=1分
解： 1元=100分
　　 =10分×10分
　　 =0.1元×0.1元
　　 =0.01元
　　 =1分

高手求解通货膨胀，居然毫无破绽
看完直接崩溃

第一个问题的破绽在于其中 a－b＝0,0 不能作分母，最后一步推算不成立；第二个问题的破绽在其中"100 分＝10×10 分"，而不是"10 分×10 分"，第二步推论错误。

除了笑话，如果我们能够用好在生活中流传的一些富有哲理的幽默短信和幽默故事，也能够为教学增光添彩，帮助学生更好地理解和掌握相关知识。

例如，一则题为"名牌、奢侈品和文物的区别"的短信可以帮助学生加深对"0"在数值中作用的认识：成本价后面加一个 0 的，就叫名牌；成本价后面加两个 0 的，就叫奢侈品；成本价后面随便想加几个 0 就加几个 0 的，就叫文物。

👆**案 例**

学术青年杠上哲理大师

一位教师在让学生认识麦比乌斯环时,采用了正在网上盛传的一则哲理故事来引入——

青年问大师:"大师,我很爱我的女朋友,她也有很多优点,但是总有几个缺点让我非常讨厌,有什么方法能让她改变?"大师浅笑,答:"方法很简单,不过若想我教你,你需先下山为我找一张只有正面没有背面的纸回来。"青年找寻许久未曾找到。这时大师缓缓说道:"没有只有一面的纸片,就像没有只有优点的人。"青年恍然大悟。

讲完故事,教师提问:"在生活中,有没有只有正面没有背面的纸?"引起学生思考。在学生迷惑不解之时,教师继续讲述故事——

这是一篇传统意义上的哲理故事,可是网友"黄雁捷"对这个故事修改了一下结局:青年略一沉吟,默默地掏出一个麦比乌斯环。原来在数学领域方面,麦比乌斯环只存在一个面,这样大师想阐述的哲理就变成"无源之水"了。

在学生认识麦比乌斯环的知识之后,教师又继续讲故事作为教学结尾——

有些网友看到大师一直备受"刁难",赶紧编写了升级版的段子,为大师解围:"大师拿着青年的麦比乌斯环说:'正面亦是反面,反面亦是正面。优点和缺点,只是看待的角度方式不同罢了。你既然知晓这麦比乌斯环的深意,又何必在意她的小缺点呢?"

上述案例中,以幽默故事贯穿全课教学,不仅让学生了解了知识道理,而且让学生知道了生活道理。

除了在复习和练习时可以利用幽默笑话作为教学材料,帮助学生巩固知识,那么在考试时是否也能利用幽默笑话帮助学生检测知识呢?下面的案例,美国教师的做法让我们大开眼界。美国教师思想开放得多,甚至把我们平时认为的一些看似"不健康"内容——"'追'女孩"、"把女孩变成魔鬼"编进了试题。抛开这些,我们从中可以学习的是美国教师敢于把"幽默"编进试题的教学勇气,给学生紧张的考试平添一份趣味。

案例

证明女孩是魔鬼①

这是一道美国南加州中学的数学试题"Proof that girls are evil(证明女孩是魔鬼)"。老师在试卷上给出了证明该命题所需要用到的假设和已知条件,然后让学生根据条件,证明假设成立。

下面,让我们先来看一看这道题的证明过程:

首先,"追"女孩需要时间和金钱,那么根据这个给出的假设条件可以得出:Girls＝Time×Money(女孩等于时间乘以金钱)。

而我们知道"时间等于金钱",由这个已知条件可以得出:Girls＝Money×Money＝(Money)²,即女孩等于金钱的平方。

And because"money is the root of evil"(同时,因为"金钱是万恶之源"),这句话中的英文单词 root 本意指根源,但在数学上却表示平方根,因此从数学意义上可以得出:Money＝$\sqrt{evil}$。

而女孩等于金钱的平方,将上式进行替代转换后得到:Girl＝$(\sqrt{evil})^2$。

上式中的根号和平方相抵,由此可以证明:Girl＝evil,即女孩是魔鬼。

有意思吧? 不超过两分钟,一个美丽善良的女孩就变成邪恶的魔鬼了!

在美国中小学考试试卷中,经常会出现一些如此非常有趣的试题,即使生性再懒惰的学生也会兴趣盎然,因为这些试题可以让他们自由发挥想象力,在享受考试的同时还加深了对一些知识的了解和掌握。如果我们把下面一则题为《老外考汉语》的笑话也变成试题,不仅可以"考"出学生对现实社会中的一些丑陋现象的认识程度,还可以"考"出学生对"意思"一词多义的理解水平——

某老外苦学汉语十年,到中国参加汉语考试,其中一道试题为"请解

---

① 来源:浙江省中小学教师(学科)专业发展培训网. http://zxxjsxk. zj2012. teacher. com. cn/Guo-PeiAdmin/UserLog/UserLogView. aspx? UserlogID＝45283

释下文中每个'意思'的意思"：

阿呆给领导送红包时,两人的对话颇有意思。

领导:"你这是什么意思?"

阿呆:"没什么意思,意思意思。"

领导:"你这就不够意思了。"

阿呆:"小意思,小意思。"

领导:"你这人真有意思。"

阿呆:"其实也没有别的意思。"

领导:"那我就不好意思了。"

阿呆:"是我不好意思。"

老外看完试题,泪流满面,交白卷回国了。

综上所述,从某种意义上说,教师既是文化的传播者又是文化的守门人。教师应该放宽文化视野,接纳流行文化,引导学生理性对待流行文化,去其糟粕,取其精华,为教育教学所用。

05 应让双手成为学生学习的好帮手

我们从小就懂得,人有两个宝,双手与大脑。每一个人都有一双手,我们的生活离不开双手,我们的学习同样离不开双手。关于人的手,有着很多的学问,与我们的生活和学习息息相关。

一、手,影响着人的生活,也影响着人的学习

进化生物学家至今也不十分清楚人类(以及绝大多数四足动物)为何每只手长有 5 根手指。如果我们拥有 6 根手指,那我们的生活又会变成怎样?或许额外的一根手指能够让我们更轻松地完成一些任务,如演奏更复杂的乐器,提升打字速度,抓握物体时也更为牢固。哈佛大学医学院遗传学家克里夫·塔宾是专门研究脊椎动物肢体发育的,他表示:"更宽大的手能够让人成为更出色的篮球选手。不过,手的灵巧性基本上由拇指和食指决定,额外多出或者少一根手指并不会对手的灵巧性产生太大影响。"曾经在《大众日报》上看到作者刘卫京写的一篇题为《食指上的秘密》的文章——

我的食指没有思维,它的动作是完全听命于头脑的,但是,好多时候连我自己的头脑都不知道对它下达了哪些命令。研究食指的动作,能在更大程度上了解我的思维与情绪。

看书的时候,我发现我的食指总是放到了这一页与下一页之间。当然,这样便于读完这一页后翻到下一页,可是,总是在这一页刚开始读时,我的食指就放在那里了。由此可见,在我的潜意识中,可能希望能快一点读完这一页。可是,如果读书只是为了快点读完这一页后往下翻,就不能

达到应该达到的阅读效果，我一次次把食指从这一页和下一页的纸隙间移开，可它又一次次地放到了那里。或许，对我来说，应该改变的不是食指的位置，而是读书的心态。

美容专家说，抹眼霜时要用无名指，挑一点眼霜轻轻地匀开。可是，每当打开眼霜盒，食指总是毫不犹豫地先伸出去。我理解它，因为平时需要一只手指做的事，我都是派食指去做，它确实也比别的手指更灵活一些。可是，为什么美容专家要强调用无名指呢？我想了好久终于明白：食指灵活，力气也大，涂眼霜会不小心用力过猛，而用无名指时，因为它自知不够灵活，所以会轻轻地，防止涂错了位置，而眼皮那样娇嫩的皮肤，就得轻轻呵护，否则，涂眼霜的效果会适得其反。做事有经验且有能力的会不如笨一点的人更认真，不光是手指，人不也一样？

我知道在指人的时候用食指很不礼貌，正确的手势是手心向上，做一个请的姿势，冲着谁，当然就是指着谁了。但是，有一次动了怒，忍不住用食指指了别人一下，准确地说，我并没意识到我有多生气，是我看到我的食指正指着别人才意识到了我的失态我的怒气，我及时收敛了自己，没有让事态向更恶劣的方向发展。要不是食指的提醒，我可能还不能及早地发现自己的错误。

食指每天都在帮我干活，也在帮我思考，我不知道它还可以告诉我多少未知的秘密。

从上述文章中，我们可以看到手的动作可以反映人的思维和情绪，这点给我们的启发是，在教学中还可以通过研究学生手的动作，来判断学生的思维和情绪处于怎样的状态。文章中还提到手指指人的问题，在教育中，教师指人的时机和场面更多的是在课堂教学中，让学生回答问题时，教师是用手指"点中"学生？还是用手掌"请起"学生？此时的姿势变化代表着质变，后一种"手势"更能给学生尊重。

案例

教鞭——食指——掌心[①]

一次听课，上课老师提了一个简单问题，用教鞭指着敏，敏站起后，傻愣愣地望着老师，没能回答出来。只听"啪"的一声，教鞭重重落在课桌上。老师不耐烦地说："这么简单的问题都回答不出来?!"我的心也为之一颤，敏一直是个活泼的孩子呀，怎么就像变了一个人似的？

课间，我问敏，她告诉我，当时很紧张，只注意了教鞭，没听清楚老师的问题。敏十分委屈。我建议数学老师手中不要再握教鞭。

接下来的数学课，每当他喊学生回答，手中没了教鞭，却习惯用食指朝着孩子一指。有一次，他指着身旁的一个孩子回答问题，这个孩子望着老师的手指，本能地往后一闪。课后，我再次建议他，伸开手掌，掌心朝上，语调和蔼地说："请某某同学来回答。"他欣然接受。刚开始，孩子们还有些别扭，渐渐地，开始喜欢上数学课了，他也觉得孩子们的学习有了很大的进步。

许多教师在叫起学生时习惯采用指人方式，我们已经知道，手的动作可以反映人潜在的思想，教师这种无意识的习惯性的手势暴露了教师心中还没有真正把学生当作平等的人。"用手指指"，传达了上对下的命令；"用手掌请"，则更多地体现了教师对学生人性化的关怀与尊重。我们都有这样的体会，当你用手指指人时，被指的人会情不自禁、身不由己地向后躲闪，如果你打他一拳，他未必会向后躲避，而会迎上来承受你的拳击，可见用手指指人的"威力"。

教师在对学生进行思想教育时，学生常常面对教师而站。说到动怒处，教师常常会边说"你，你呀"边下意识地用手指指点着学生的眉心或心口，这一动作的意思大致是"你怎么总是不长记性呢"的恨铁不成钢。记得我读初一时，最怕的就是班主任用手指指着我的鼻子教育我。

手，对知识的影响，首先让我们想到的是数学。如果人类的每只手拥有6根手

[①] 来源：《新课程(小学)》2007年第Z1期，作者：朱发兵

指,那么多出的一根手指无疑对数学的影响最大,现在的计数系统将完全是另一番景象。我们现在之所以采用10进制,人类学家认为这与我们拥有10根手指有关。阿拉伯数字的英文"digit"同时也有手指的意思。如果人类拥有12根手指,那么12进制将是最自然的一种选择。

人类在数学、语言或者音乐方面的很多成就,都是在人类文明采用一种最自然的表达方式之后实现快速进步的。美国人类认知研究专家马克·查齐兹举例指出:"我们的阅读能力取决于字母的形状。字母的形状逐渐演化成看起来最自然的一种形态,能够强化我们的视觉—物体—识别系统,提升我们的阅读能力;我们处理语音的能力源自于语音进化成一种非常自然的形态,即听起来像我们所在自然环境中产生的一种声音。"同样,12根手指将在很大程度上影响人类的数学能力,毕竟12要比10更为复杂。为我们的大脑选择何种计数系统将对我们的数学能力产生深远影响。

塔宾提出了一项理论,解释动物王国的每肢五指(趾)原则,他将这一原则称为"肢体定律"。肢体定律是一个简单的数学方程式,源自于计算机网络的节点原则,用于预测基于身体大小的最佳肢体数量。根据这一定律,如果肢体相对于身体来说较长,最理想的肢体数量为6个(如昆虫);如果相对较短,数量则越多越好(如千足虫)。如果将手指视为手部的肢体,这一肢体定律同样适用。考虑到手指需要拥有适当的长度,才能轻松弯向手掌,人类的理想手指数量显然是5根。所以说,5根手指是进化的结果,是最理想的手指数量。

由人的手我们可以想到肢体定律,由肢体定律我们可以想到数学方程式,这就是关于手的学问。在小学数学教学中,由一只手有5根手指,我们很容易想到与5有关的知识,教师就可以把"手"当作相关知识的教具或学具。换一种角度来说,与5有关的知识教学,如果用"手"作为操作工具更能够把知识"手"到擒来。例如,"5的认数"一课,与其数数教材中的那些人物,还不如数数自己的手指来得熟悉。又如"5的分与合"一课,与其摆摆教材中的那些花片,还不如摆摆自己的手指来得方便。再如"5的乘法口诀"一课,与其看看教材中的那些图画,还不如看看自己的手指来得亲近。

案 例

"手指"教学法

一位教师教学"5 的乘法口诀",课始出示挂图:河里有 5 只船,每只船坐 5 个小朋友……

教师刚要发问。突然,一名学生举手:"5 的乘法口诀,我会编"。教师一怔:哦,她在迁移"2、3、4 的乘法口诀"几节课的学法。"那你说,怎么编呀?"该生伸出一只手:"一五得五",伸出两只手:"二五得十"(教师指导:二五一十);他又拉起同桌的一只手:"三五十五",拉起同桌的两只手:"四五二十"……

啊?!他"别出心裁",没"按图索骥"。还不错!于是教师就把手作为 5 的乘法口诀的编写工具,原来的挂图则成了之后的巩固练习。

在教学中,手可以成为教师和学生身上最熟悉、最方便的教学"工具"。巧妙地借助手,可以使一些抽象的知识形象、直观,既帮助学生理解,又可以使一些复杂的知识"附着"于学生的手指,帮助学生记忆,还可以把一些结果用手势反馈出来,帮助学生表达。

首先,教师可以利用手的运动来帮助学生"做"学问。例如,在教学"相遇问题"时,教师可以用两只手的运动来形象地解释"相对""同时""相遇"等解决问题的关键要素;在教学"数的分与合"时,教师可以用左右手的分与合来帮助学生形象化地理解分与合的含义。

又如已知长方形的周长和长(宽),求宽(长),是学生学习中容易出现错误的问题。教师通过画图分析、讲解,让学生明确长方形的长、宽和周长的关系,花费很多时间,但学生不感兴趣。这里,教师不妨用手演示:用食指代表长,大拇指代表宽,两手配合围成一个长方形。当讲到用周长除以 2 时,便拿掉一只手,当讲到减去长(宽)时,再去掉食指或大拇指。这种直观演示的方法,可以使学生学会对此类错误做到"手"到"病"除。

其次,手的构造同样可以成为教育教学资源,例如,手指长度可以用做关于度量问题的教学,手指根数可以用做关于数量问题的教学,手指间隙可以用做关于间隔问题的教学,等等。

案例

"指"点知识

一位教师教学"条形统计图"时,课的导入把手指当作了知识的"形象代言人",由手指的长短感悟了知识的"长短",让学生轻松地理解了知识的意象。教师伸出一只手说:"你知道这五根手指,哪根长,哪根短吗?"学生凭感觉猜测手指的长短后,教师进一步问:"你能想出什么办法,一眼就能看出它们的长短吗?"学生想出用纸条代替手指,再把纸条摆在一条横线上,问题就解决了。

这样导入的好处表现在:首先,比较一只手上五根手指的长短,不用代替物是无法完成任务的,这就迫使学生用类似的东西来代替手指,体现了条形统计图的一个特征——用直条的长度代替统计的数量;其次,纸条竖立在同一条横线上,才能一眼看出长短,体现了条形统计图的又一个特征——直条的一端要对齐。这两个特征以学生最熟悉的手指引入,反映的却是制作条形统计图的基本思想方法。

其次,利用手指的形状和运动可以帮助学生"记"住学问,成为学生课中记忆知识和课后回忆知识的提示器。让知识与手势联手,手就可以成为学生联系知识和联想知识的"掌中宝",相关知识就很容易地被学生"手到擒来"。

例如,用手指记忆"十几减几(退位减)":让学生用被减数"十几"中的"10"去减减数"几",口算出来的差用左手手指表示,然后用右手手指表示被减数"十几"中的"几",最后双手手指合起来表示的数就是"十几减几"的结果,此举其实就是破十法的思路;用手指记忆乘法口诀:在9的口诀学习时,伸出两手,从左到右,按1～10的顺序排列,计算一位数乘9时,只要弯起相应的手指,这个手指左边的手指数目就是积的十位上的数字,右面的手指数就是积的个位上的数。如计算3×9时,就弯起左手左起第三个手指,左面的两个手指表示20,右面的7个手指表示7,所以3×

9 的积就是 27;用手指记忆万以内数位顺序表:左手手心朝自己,从大拇指到小手指依次代表从万位到个位;用手指记忆常用的长度单位:左手掌心朝自己,从大拇指到小手指依次代表千米、米、分米、厘米、毫米。手指间距离的大小可以形象地表示相邻两个长度单位之间的进率。用同样的方法也可以表示相应的面积单位及其进率;用手指记忆植树问题:把手指当作树,手指间的距离当作间距,可以清楚地看出"棵数=间距数+1";我们还可以用手比画单位长度、单位面积的大小,还可以利用拳头来记忆大月小月等知识。

最后,手还可以作为传递信息的媒体,例如,教师的"招手"示意学生走上前来,教师的"举手"明示学生举手回答,教师的"嘴前一指"暗示学生保持安静,教师的"脑旁一指"提示学生进行思考,教师的"两指交叉"表示停止或结束活动,教师的"手画一圈"则是让学生转身组成前后四人学习小组,教师的"两手在胸前上抬"则为让学生坐正身子……教师这些手语的含义一旦与学生约定,在以后的教学中就可以无须再费口舌,从而节约时间。

在反馈信息时,学生也可以使用手语表达自己的学习结果或学习愿望,例如,用手指表示一些小数目的结果或对项目的选择,用"V"或"X"的手形表达"对"或"错"的判断,为了保证反映学生的真实想法,教师可以采取指挥学生一起出手的方法;又如可以用跷指表示赞同、用拳头表示反对、用手掌表示补充,除此教师也可以与学生约定举手时伸出不同数量的手指分别表示特定的信号,这样教师对全体学生的学习情况就能做到一目了然、心中有数。

二、手,影响着人的智力,也影响着人的意志

手指的数量影响着人的生活,也影响着人的学习;手势的形状影响着人的心情,也影响着人的学习。除此,手的使用还影响着人的智力。养生学介绍,双手先对搓手背 50 下,然后再对搓手掌 50 下,可以促进大脑机能。科学表明,动手与动脑之间有着联动效应,"心灵才能手巧","智慧出自手指尖上",说的就是这样的道理。日本有位学者曾说过:"如果想培养出智力开阔、头脑聪明的孩子,那就必须经常锻炼手指的活动能力,由于手指的活动而刺激脑髓中的手指运动中枢,就能促使全部智能的提高。"手指的运动中枢在大脑皮层中占据了较为广泛的区域,这些区域的神经中枢都由神经细胞群组成。当一个人的双手从事精细、灵巧的动作时,能够激

发这些细胞群的活力,使动作和思维的活动能保持有机的联系和相互对应。因此,手的动作越复杂,就越能积极地促进大脑的思维功能。所以,在教学中,我们应该多给学生动手操作的机会,特别是一些具有知识含量或技术含量的探究活动,更能活跃人的大脑。

例如,杭州东新实验幼托园上课前经常带领孩子做手指操,这样孩子的注意力就会被吸引,然后开始上课,学习效果将会事半功倍,孩子们很喜欢这样的课堂。由此想到,许多学生喜欢玩转笔,但遭到许多教师和家长的反对,事实上,玩转笔可以益智、减压。转笔和魔方、悠悠球一起被称为"手部极限运动",也被誉为"手指间的舞蹈"。转笔运动现在已有自己的世界杯、世界联赛。

在家庭教育中,有些家长会让孩子通过用手指按电话键来锻炼手指肌肉,更重要的是锻炼左右脑的同步开发。刚开始比一比谁在相同的时间里按的数字多,然后再根据一定的规律按,譬如横线、对角线等;按得熟练以后,还可以让孩子左右手同时上阵,按照一定的律动来按,譬如:左右左右、左左右右、左右右右左左等。经常训练使用左手有利于右脑的开发。

手的使用不仅影响着人的智商,而且还影响着人的情商。近日,澳大利亚一项新研究发现,训练使用反手(不经常使用的那只手)有助于提高自我控制能力。多项研究表明,连续两周尽量使用反手的参试者能更好地控制其攻击行为。犯罪学家和社会学家长期以来一直认为,在自控力极低的时候,人们就可能实施暴力犯罪,这就是激情犯罪。心理学家经过近十年的自我控制新方法研究发现,自我控制能力与攻击行为之间的确存在密切关联。这项新研究告诉我们,如果人们有机会改善自我控制,那么其攻击性行为就会减少。新研究给大众的建议是,习惯使用右手的人应该学会用左手操作电脑鼠标、搅咖啡或开门等动作,习惯使用左手的人则相反,应学会多用右手。所以,我们应该多锻炼孩子使用反手的能力。

左手和右手分别关联着右脑和左脑,正因为手脑有着协调性,所以我们可以训练我们的双手协调,例如让孩子左手画方右手画圈、弹琴都是一种很好的训练活动。另外,我们可以训练我们的手眼协调、手脚协调,这些都可以训练我们运动的灵活性。下面的案例,一位教师巧妙地借助双手的协调性开展了一次成功的教育活动——

案例

左手最清楚右手[1]

班会课,老师说,我们来做一个游戏,请大家都闭上眼睛。同学们都好奇地闭上了眼睛。老师问,闭上眼睛后,我们能做什么?

同学们议论开了。有人说,我们能够说话;有人说,我们还可以倾听;有人说,我们可以静下心来思考。

老师点点头,你们说的都没错。但现在我请你们和身边的同学拉拉手。班级里一下子嘈杂起来,这个问,你的手在哪儿?另一个说,你乱摸什么,那不是我的手,你碰到我的鼻子了,我的手在这儿。大家说,不睁开眼睛,在黑暗中想准确地找到别人的手,太难了。

老师笑笑。那么,我们换个办法,请大家用自己的左手,去握自己的右手。老师的话音刚落地,乒乒乓乓一阵响动,所有的同学都快速而准确地握起了自己的右手。这太容易了,即使是闭着眼睛。

那我们增加点难度,老师说,请大家伸开双臂,张开手掌,然后,用左手去和右手交叉相握,看看你们能不能做到。在一阵稀里哗啦声中,大家的双手在空中划过一道优美的弧线,准确地交叉在了一起。

老师的游戏,让大家着了迷,大家都屏住呼吸,等待着老师的下一个指示。老师顿了顿,说,现在请大家像刚才一样伸开双臂,然后,用自己左手的大拇指尖,去触碰自己右手的大拇指尖,看看你们能不能准确地将两个大拇指尖顶在一起。

这个太难了吧?在乱纷纷的议论声中,大家紧闭着双眼,试着用左手的大拇指尖去顶右手的大拇指尖。两个大拇指尖,像两座山峰,在空中慢慢地聚会,竟然准确地顶在了一起。几乎所有的同学,都做到了这一点。老师又让大家试着用食指去顶食指,中指去顶中指,小拇指去顶小拇指。大家兴奋地一次次尝试,在半空中,在头顶上,在身体的侧面,任何一个位置,左手的指尖,就像长了眼睛一样,都能准确地找到右手的指尖,并在空中完美地交会。真是太神奇,太美妙了。

---

[1]　来源:《少年文艺(阅读前线)》2012年第10期,作者:孙道荣

老师让大家都睁开眼睛,问道,为什么即使闭上眼睛,我们也能准确地将两只手以及指尖交叉、相握、触碰?道理很简单,我们的双手,是我们身体当中最默契的一对,左手最清楚右手,右手也最清楚左手,它们的完美组合,才使我们能够自如地做我们想做的任何一件事。现在,我想问大家一个问题,除了我们的左右手之外,在我们的生活中,有没有什么人,像我们的左右手一样?

教室炸开了锅。一个同学说,爸爸是左手,妈妈是右手。老师赞许地点点头。另一个同学说,语文老师是左手,数学老师是右手。老师笑着点点头说,对,其他的老师,也是我们的左右手。一个男同学指指左边的同桌说,他是我最好的朋友,就像是我的左手,又指指前面的一个女同学,她在学习上给了我很多帮助,犹如我的右手。教室里响起热烈的掌声,同学们都转身面对身边的同学,指指这个同学说,你是我的左手,指指那个同学说,你是我的右手。

老师微笑着走下讲台,对大家说,我有一个建议,请大家都站起来,伸出各自的双手,去拉住你们身边的同学的手。说完,老师先伸出双手,一手拉住了一个同学,两个同学也激动地将各自的另一只手,伸向了身边的同学,很快,每位同学的手,都紧紧地拉在了一起。大家互相拉着手,欢呼着。

老师瞥了一眼最后一排最左边的座位,两个男孩的手,也拉在了一起。今天上午,他们刚刚为一件小事,打了一架。

老师笑着将手举向空中,所有的手,都跟着举向空中。教室里,是手的海洋。

上述案例中,教师利用左手与右手的协调性组织了体验活动,并启发学生联系生活中的人际交往,巧妙地把团结的思想教育渗透于趣味活动中,这样的教育落叶无声。

06 教师应该教会学生"造桥"的本领

曾经在杂志上看到这样一则故事——

> 西德在大战之后满目疮痍，庐舍为墟，有位知名人士在这种环境下出任某市市长。此市两面环河，河上本来有桥，只是早已被炸毁。市长到任后，第一件事是下令修桥。
>
> 当时哀鸿遍野，迫切需要住宅、医院、学校、商场，一般人认为修桥是不急之务，纷纷表示反对。这位市长力排众议，贯彻初衷。两桥修成，运输畅通，城市也迅速重建复兴。

有了桥，你就有了世界，甚至拥有一个宇宙。先造几座桥，使自己和周际环境联系贯通。这种智慧不仅可以用在处世做人上，还可以用在教育教学上。有了"桥"，学生不仅可以获得知识，而且可以获得知识与生活、知识与知识、知识与思想之间的联系。从短期看，学生或许学到的是一个个知识，但从长远来看，学生学到的是知识背后的思想方法和生活应用。所以，在教学中，教师不仅自己应该具有"造桥"的本领，而且应该教会学生"造桥"的本领，让知识能够上下贯通，让学习能够左右逢源。

一、学会在知识与生活之间"造桥"

数学家华罗庚说："宇宙之大，粒子之微，火箭之速，化工之巧，地球之变，生物之谜。日用之繁……无一不可用数学来表达。"知识无处不在，生活的边界就是知识的边界。儿童的学习活动是他们全部社会活动的一部分，因此我们应力求跳出知识教知识,不能把自己和学生都死死地捆绑在教科书里,而应该在用好教科书的同时勇敢地从书本里跳出来,能够在知识和生活之间牵线搭桥,从生活走向知识,从知识走向生活,用生活的道理帮助学生理解知识的道理。

案例

让学生自己"织网"

"除法各部分之间的变化规律"是学生容易混淆的内容。一位教师发现学生喜欢拿蛋糕到教室过生日,于是便引导学生借助这个生活现象理解除法的规律——

师:假如老师请全班同学平均分吃一个蛋糕,如果拿来的蛋糕只有这么大——

(教师比画一个比较小的蛋糕)

生:那我们每个人估计只能吃一小口了。

师:如果拿来的蛋糕有这么大呢?(教师比画一个很大的蛋糕)

生:我们吃的比刚才的要多了。

师:咱们分的这个蛋糕相当于被除数,分的份数相当于除数,每个人吃的蛋糕大小相当于商,你能说说这个规律吗?

生:人数不变,蛋糕越大,平均每人吃的蛋糕越多。也就是除数不变,被除数越大,商越大。

师:还能联想到其他情况吗?

生:如果蛋糕大小不变,人越少平均每人吃的蛋糕就越多。就是被除数不变,除数越小商就越大。

我们都知道,所教知识与学生已有的生活相织,通过"搭桥"可以使抽象的知识变得形象起来。生活图式存在于学生的头脑中但往往不被发现,需要教师会牵线搭桥,穿梭于知识和生活之间,引导学生在已有图式上生长出新的图式,促进知识的个性化建构。

二、学会在知识与知识之间"造桥"

另外,教师还应该善于在知识的"过去"、"现在"和"将来"之间牵线搭桥,也就是要引导学生学会对知识追根溯源。追根溯源就是对知识有刨根问底的精神,也就是遇到问题不能满足于知道是什么,还要弄明白为什么,清楚知识的来龙去脉。

如学生认识公顷后,对"1公顷的大小为什么要这样规定?""公顷和平方米的进率怎么会是10000?"这两个问题追根溯源,了解问题的本源:原来公制面积单位公亩现已不使用。如果将公亩算进去,平方千米、公顷、公亩、平方米,这时每相邻面积单位的进率都是100。那为什么公亩现在不使用了呢?因为边长10米的一块地为一公亩,也就是100平方米,它的存在价值就只是满足相邻两个单位的进率是100而已,它完全用平方米来表示就行了,而且和我国市制单位亩发生混淆,不如精减了。这样学生不仅对公顷有了更完整的认识,而且对公制面积单位、市制面积单位乃至英制面积单位都有所了解。学生通过公顷这棵"树"就会看见面积单位这片"森林"。

英国数学家怀特海说:"教育需要解决的问题就是使学生通过树木看见森林。"通过树木看到森林,我们一是要让学生看到知识的"血脉",看到知识的产生和发展;二是要让学生看到知识的"同胞",看到知识的兄弟和姐妹,看到同类知识之间的沟通;三是要让学生看到知识的"联姻",看到不同类知识之间的变通。这样,能够看到森林的学习才是完整的,知识才具有生命的活力。

☞ 案 例

数学教学:变通的生命有机体[①]

这天下课铃响了,松松兴奋地推开办公室的门,来到我跟前:"张老师。我在周六的数学兴趣班学了一个公式,可以很快地算出这样的题。"说着他将一张数学兴趣班的试卷摊在我面前,指着一道数学题:请计算13、14、15、16、17的和。

---

① 来源:《中国教育报》2012年6月14日,作者:张菁

"相邻的数之间都相差 1,这样的一串儿数叫等差数列,可以根据等差数列的求和公式来算出它们的和。"松松用等差数列的求和公式很快做出了这道题。面对一个小学四年级学生运用高中的等差数列知识解答此题,我并不感到兴奋。

"你做得很对,这个公式确实能够快速地计算出这样的题目。"我先鼓励他一番,随后话锋一转,故意卖起关子:"(13+17)×5÷2 可以看成等差数列求和公式,其实这种方法我们本学期也学过。"松松有点不服地说:"等差数列求和公式是中学才讲的,我们四年级哪儿学过?""你不信? 如果我们把这些数字用点子图来表示,这道题就会变成我们本学期学过的一个数学知识,好好想想,你一定能够想出来!"松松带着问题疾步离开了办公室。

第二天一早,松松带着一脸的兴奋与快乐再次出现在办公室。"张老师。我知道了,等差数列求和公式就是我们四年级学过的梯形面积公式!"他一边向我展示用圆点列出的梯形图,一边讲:"我把这一串数分别用小圆点表示,就形成一个上底为 13、下底为 17、高为 5 的梯形。求这串数字的和,就相当于求小圆点的个数,可以用梯形面积公式计算:(上底+下底)×高÷2。"

松松的领悟让我十分兴奋,我进一步启发他说:"如果站在数的角度去思考,可以把这道求数字的题看成我们还未学过的等差数列求和知识;如果站在图形角度去思考,还可以把它理解为灵活运用梯形面积公式来解答数字求和问题。数学知识的这种变化正是数学最有趣的地方。请你接着变戏法,把这道题用三年级的整数乘法来解答,你能行吗?""噢! 我知道了!"松松思考片刻大声说了起来:"让 17 减少 2,让 13 增加 2,让 16 减少 1,让 14 增加 1,它们的和不变,但原题就变成了 5 个 15 相加,可以表示为 15×5=75。""好,那么你能再用梯形点子图来说明吗?"我步步紧逼。松松全神贯注地看着图,不一会儿大喊起来:"嗨! 简单! 把最后一行的小圆点移动两个到第一行,把倒数第二行的小圆点移动一个到第二行,不就变成了每行 15、共 5 行的长方形了吗!"松松小脸上的兴奋表明,他对于这道题的解答已不再是按照公式程序化地操作,而是能够将所学的数学知识创造性地进行运用了。

上述案例中,当学生偶尔获得不知其理的"高级"知识后,教师并没有置之不理,而是在未学知识和已学知识之间造桥,引导学生回到已经学过的知识来解释其中的道理。然后通过"变戏法",在不同的知识领域之间造桥,通过几何领域的知识

来帮助学生形象化地理解代数领域的知识,打通了学生的思维,开阔了学生的视野,使知识不再孤立地存在,而成为能够相互沟通并能够相互变通的知识板块。

三、学会在知识与创造之间"造桥"

平常,当我们说"知识"的时候,有时候我们说的是"知道",比如,鸦片战争哪一年爆发;有时候我们说的是"常识",比如,一年有四季;有时候我们说的是"见识",比如,认识到是什么原因导致了金融危机。一个知道很多事实而不知如何处理的人,现在我们已经不叫他"知识分子",而称之为"知道分子",不能学以致用的知识充其量只是死的知识,我们的教育应该让学生学"有用"的知识。

1956 年,教育心理学家本杰明·布鲁姆发现,美国学校的测试题 95% 以上是在考学生的记忆。于是,他提出一个新的学问分类法,就是影响了两代美国人的"布鲁姆学问分类法"。该分类法称学问由低到高,分知识、理解、应用、分析、综合、评估几个类别。这个分类法在美国教育界,尤其是中小学,可谓众所周知。很多学校的课程设置就是以布鲁姆的分类法为依据。经过两代人的时间,美国的教育成功地走出以"记忆"为主导的测试困境。即便在小学阶段,这些分类技能也是齐头并进的。在美国,一年级就有"访谈"作业,让他问家里人喜欢香草冰激凌还是巧克力冰激凌,然后把结果制作成图表,这就是讲究多项认知技能的组合。

学习不仅是学以致用,从更高境界看,学习还应该是学以致新。知识的"造桥"不只是对知识的仿造,也应该是对知识的改造,更应该是对知识的创造,也就是还能够通过已经存在的树木看到还没有拥有的森林,这是知识的生命所在,也是教学的生命所在,是教师应该教会学生能够拥有的高级学习本领。

学生的创造能力需要学生的自主能力,有一种自主能力是自学能力。随着时代的进步,如今对文盲的定义已经不再是"不识字的人",而是指"不会自学的人"。李开复说,在大学期间必须学会三种学习和思考的能力:第一种也是最重要的一种能力,是自学的能力。大学 4 年,要学会从一个被填充知识的人,变为自学知识的人。不能只会背诵,还必须有理解的能力——这包括举一反三、知其然也知其所以然、无师自通的能力,等等。该怎样培养自学能力?很简单,你必须学会问"为什么"。第二种能力是从理论到实践的能力。不要只知道公式是什么,理论是什么,而且要知道在实际工作中如何运用它们。这需要在学习时多问一个问题——"有什么用"。李开复女儿小时候非常不喜欢数学,觉得像指数之类的东西没有实际用处。直到有一天,李开复问她:"如果你有100元存在银行,每年10％的利息,10年以后你会有多少钱?"当她知道这个问题的答案居然不是200元,而是259块多的时候,她突然对数学有兴趣了。第三种能力是批判式思维的能力。每一件事情,都有多方看法,不是只有一个非黑即白的答案,要学会用不同的观点来看问题。每碰到一个知识点时,不但要学会问"为什么",还要学会问"为什么不"。

爱因斯坦曾问数学导师闵可夫斯基,一个人怎样才能在人生的道路上留下闪光的足迹? 闵可夫斯基拉着爱因斯坦朝一处刚刚铺平的水泥地上走去。爱因斯坦不解地问,这不是让我误入歧途吗? 闵可夫斯基可不这样认为,他说,只有在尚未凝固的地方,才能留下深深的脚印;只有在新的领域,才能做出更多的探索和贡献。

在教学中,闵可夫斯基所说的"尚未凝固的地方",我们大致可以理解为:一是指尚未形成结论的时候,二是指尚未形成思维定式的时候,我们应该多看看学生"还有没有其他途径""还有没有其他方法",或引导学生多想想"还有没有其他途径""还有没有其他方法",能够让学生拥有自己的意见或创见。而学生能够拥有自己的思想,许多情况下就需要有足够的勇气对成见说"不"。在教育中,我们应该激发学生的这种胆量,明白学生提出"为什么不"的原因。

案 例

先算双数法[1]

学习20以内的进位加法后,部分孩子在还没有熟练到机械化记忆答案时,遇到7+6、8+5、8+7此类的题目总要停顿思考一下。作为教师,我以为时间花在凑十上,没想到经过追问才发现,孩子更喜欢用先算双数的方法计算。如计算7+5,先算5+5＝10,再算10+2＝12;8+6也是算6+6+2,或者8+8-2。8+5,8+7等皆如此。

课程改革后,教师在教学中能够积极创设鼓励算法多样化的教学环节,并鼓励

---

[1] 来源:http://wenku.baidu.com/view/7f04d08283d049649b665819.html

学生采取不同的解决策略。但问题在于，这个环节完成之后，教师又会热衷于强调优化的算法进行推广教学。其实，早有研究者指出，算法的运用会诱使学生放弃他们自己的想法，不利于"原创思维"的培养。在很大程度上，儿童总是改编他们学到的算法并用他们自己的方法来代替。

上述案例中，按照教学计划，"凑十法"应该是教师想主推的优化算法。但没想到，部分孩子对双数敏感，喜欢先算，是因为它需要感知的要素少，算式显得稳定，比如7+5+9与7+7+7相比，自然是后者更易于思考。我认为，在算法"尚未凝固"时，教师不应该马上制止学生的"先算双数法"，而统一使用"凑十法"，应该给学生充分的时间慢慢领悟。我们都说教无定法，有时候学生的学习也是如此，学无定法。

正是儿童还没有固定的思维模式，所以他们比成人更有闯劲和创劲，能够拥有更多的方法和发现更多的问题。曾经在《羊城晚报》上看到一篇题为《标准答案》的文章，从中我们可以看到儿童思维的广阔性——

从报纸上看到一个脑筋急转弯，觉得挺好玩，回家时就想考考儿子。吃晚饭时，我问儿子："有一个女孩从海边的沙滩上走过，她的身后为什么没有脚印？"

儿子问："当时天黑了吗？"

我说："这跟天黑有什么关系？"

儿子回答说："如果天黑了，连人都看不见，自然看不到沙滩上的脚印。"

儿子说得有点道理，我只好说天没有黑。

"那么，是黄昏的时候吧？"儿子接着问。

我有点儿不耐烦了："这有关系吗？"

"如果是黄昏，开始涨潮了，潮水就把脚印冲刷掉了。"

我耐着性子说是中午，心里想这回儿子该说出答案了吧。没想到儿子继续问："这个女孩是个杂技演员吗？"

我简直有点恼火了："这也有关系啊？"

儿子不紧不慢地说："当然，如果她是个杂技演员，那么她可能是用两手在沙滩上行走，沙滩上只有手印，没有脚印。"

我强压怒火尽量克制自己说："她不是杂技演员。""那么就只有两种可能了，一是她在水中走……"

没等儿子说完，我便忍无可忍地喊道："她没有在水中走！"

"那么就只剩下一种可能。她是倒退着走，脚印在她的前面，而身后没有脚印。"儿子终于说出了我心中的那个答案。

是啊，现实生活中哪有什么标准答案，一个不起眼的元素，结果就会全盘改变。

儿童的原生态思维是模糊的、感性的、原创的、开放的、动态的、非线性的，而成人思维则更多地体现出精确、理性、封闭、静态、线性的特征。这也就是在成人眼里，儿童的许多创见都成了偏见的原因，因为成人对事物已经有了成见。由此，在教学中，我们应该以生为本，善于在成人思维和儿童思维之间造桥，使学生的一些非标准想法亦能在学习之路上通行。在荷兰，数学课程把非标准的算法和学生自己发现的数学语言都纳入教学目标体系，尊重学生的个性发展和个人潜能，激励多样性与独立思考并存的学习方式。这样的教学理念，值得我们学习和借鉴。

当然，知识"凝固"之后，我们同样应该鼓励学生提出自己的批判性见解和创造性想法。现在我们常讲的"分布式认知"，也就是大脑一部分（如记忆部分）被解放出来，被电脑、手机等外部智能辅助设施取代。那么，大脑干什么呢？得侧重于分析、应用、综合、评估这些"高层次思维"。尤其是批判性思维能力、创新能力和普遍意义上的学习能力，培养起来比较困难一些，因而需要教师及早重视。

2011年11月30日，美国著名的杜克国际教育机构发布了针对中国国内的首份SAT（学术能力评估测试）年度报告。报告显示，中国学生整体成绩欠佳，平均低于美国学生近300分，离美国官方的基准线尚有300多分的差距。

SAT是几乎全部美国大学，特别是美国常青藤联校承认并要求申请者提供成绩的考试，它是决定录取和评定奖学金发放的重要参考指标。SAT的通用测试包括阅读、写作和数学，每部分满分800分，总分2400分。报告显示，中国学生SAT的平均得分仅为1213分，与美国学生的1509分相比，差距高达300分。其中，阅读和写作成为中国考生的"重灾区"。SAT的阅读和写作部分重点考查学生的批判性思维能力，而这一部分恰好是中国高中生最缺乏训练的。我们的出题者和解题者都习惯于使用标准答案。当刻板僵化的应试模式把学生的思维限制得愈来愈紧时,我们的学生又如何考得过那些注重发散思维、质疑能力和创新精神培养的美国学生呢?

曾经有一名中国高才生在美国留学,老师讲了六点,考试时,他全答对了,老师只给了他最低的等级。他不服气,找老师理论。老师解释说:“你答了六点不错,可这六点全是我讲的呀。只不过你记住了,通过考试又原封不动地还给了我。你为什么不能从我讲的六点中形成自己的思考,得出新的见解呢?”真正的教育,我们希望带给学生的不是一些知识的简单结论和技巧,而是要通过知识学习让他们学会独立思考,自由探索,形成自己的观点。

案 例

“自由”实验[①]

艾丽丝老师在一个周末给学生布置了课外作业:做一项实验。通常,实验都是与化学、物理、生物等学科有关的,然而这次实验的内容却要求阐述“自由”的概念。“自由”也能通过实验表达出来吗? 同学们感到非常新奇。

周一,大家都交作业了。同学们的实验方案都非常好,其中阿曼达、查理和安德鲁三位同学的实验最精彩。

阿曼达拿出了五个颜色不同的盒子,递到老师面前,要她选一个自己喜欢的颜色。艾丽丝老师选择了粉红色的盒子。然后,阿曼达又拿出了五个黄颜色的盒子,让查理选择一个。查理显得很不高兴,漫不经心地选择了一个。艾丽丝老师在一旁笑了起来,问阿曼达这个实验有名称吗。

“有。”阿曼达答道,“这个实验叫‘选择’。”她解释说,有了选择,才有自由。查理不高兴,是因为那五个盒子都是同样的颜色,他其实并没有选择的余地,所以在这件事情上他也就没有自由,但艾丽丝老师是相对自由的,因为她可以从五种色彩中选择自己最喜欢的颜色。

查理的实验也非常有意思。他让三个人站到黑板前面。这三个人是艾丽丝老

---

① 来源:《课外阅读》2012 年第 14 期,作者:邓笛

师、努克斯(一个大家普遍认为缺少主见的男孩)和帕尔(班上成绩最差的学生之一)。然后,他又把其余同学分成三组。他对第一组说:"我将让你们解答一道有相当难度的题目,不过你们现在可以从黑板前面的三个人当中选择一个人帮助你们解答题目。解答正确的话,我会奖励你们一袋巧克力。"第一组的同学毫不犹豫地选择了艾丽丝老师。

接着,查理对第二组说道:"我将让你们解答同样的题目。你们不要因为艾丽丝老师在第一组,就抱怨不公平,因为——我已经提前将题目交给了帕尔,而且还附上了标准答案。"在第一组同学的一片嘘声当中,第二组同学一致选择了帕尔。

最后,查理对第三组说道:"现在要轮到你们了。不过,我首先要坦白的是,我刚才跟第二组说了谎,题目和答案我并没有交给帕尔,而是交给了努克斯。"在一片笑声中,帕尔张开双手,他手里的确什么也没有,同时努克斯让大家看到他的手上有一张纸,上面是一道题目和标准答案。当然,这时让三组同时做这道题目,最快也是最准确解答这道题目的,当然是第三小组了。

在第三小组的同学快乐分享巧克力的时候,查理解释道:"这个实验叫做'没有真相就没有自由'。第一组和第二组的同学虽然都有一定的选择自由,但是他们不知道事情的全部真相,因此他们就不可能有真正自由的选择。如果他们知道了真相,那么他们的选择就会不同。"

安德鲁的实验也很特别。他带来了他的宠物——小仓鼠。他首先在桌子上放了一丁点奶酪和一点面包屑。他在奶酪上覆盖了一块玻璃,而面包上没有覆盖任何东西。或许奶酪更香一点,仓鼠首先跑向奶酪,但是鼻子在玻璃上撞了几次都未能吃到奶酪,它只好转而去吃面包。这样的实验安德鲁重复了几次,每次仓鼠总是在尝试吃奶酪失败后转向面包。

最后,安德鲁在桌子上放了一小块奶酪和一小块面包,但是两样东西上都没有覆盖任何东西。仓鼠这回没有再试着吃奶酪,而是直接去吃面包。安德鲁解释说:"这个实验叫'自由的限度'。这个限度有时能看到,有时看不到,因为它在我们心里。仓鼠后来不去碰奶酪,是因为它的心里已经有了这个限度。"

我相信,这些小学生对"自由"的认识,比一些成年人还要深刻。学习的创造力,不仅需要孩子较强的自学力,而且需要孩子丰富的想象力。在美国,教师和家长甚至还鼓励孩子"不着边际"的幻想。美国人普遍认为,一些带有荒唐色彩的幻想,是孩子成长过程中的一种自然表现,而且对孩子的人格成长起着积极、重要的作用。不过美国人又强调,家长和教师对孩子的幻想从内容到方式上都有必要进行合理、科学的引导。例如,成人们应该为孩子提供优秀的童话和故事书,引导他们的幻想方向。读完这些书,成人们最好还能鼓励孩子去增添人物和情节,并由此创造出一个更为引人入胜的幻想世界。

07 学生表情是课堂教学最真实的评价

👍**案例**

"你班孩子不懂规矩"

有一次,一所小学三年级某班开展听课活动,一节课的后半段,时不时有一些学生回头看挂在教室后面墙上的时钟,弄得上课老师甚是尴尬,只能停下来提醒学生注意。课后,一名听课的教师对该班班主任说,你班孩子不懂规矩。

听到这个事例,我不禁在想,是不是学生不懂听课规矩? 我们该不该责怪学生? 其实,在这个看似学生违反纪律的看钟事件背后,存在着许多我们平时想不到的问题。

从学校了解到,在每个教室后面挂上时钟的目的是给上课教师看的,以便于教师掌控教学时间。那么,课中学生为什么要回头看挂在教室后面的时钟呢? 后来了解到,他们感觉那节课好长,于是忍不住回头看看是不是到下课的时间了。他们并不是故意违反课堂纪律,与老师唱对头戏。

一、看钟与看课

知道了事情的原委,首先我们可以思考的是,每节课都是相同的时间,为什么这节课会给学生时间长的感觉? 从学生那里可以了解到,当时学习内容的乏味和学习方式的乏力让他们感到没劲,尽管教师讲得头头是道,但学生却听得头头是

"倒"。由此可见，问题最终还是出在教师身上，不是学生不配合教师的教学，而是教师的教学不配合学生。所以，那名听课教师责怪学生不懂事，恰恰暴露了自己不懂事，不懂学生，不懂教学。

以人为本的教学要求教师首先要读懂学生，并且能够为学生而改变自己的教学，这应该成为教师的教学"基本功"。读懂学生，首先要弄懂学生学习的心理学。如果我们从教学时间上研究学生的学习心理，在课的后半段，教师已经完成了知识的新授，开始进入练习阶段。这个时间是学生学习情绪开始低落的时期，学生学习的高潮刚过，对知识不再感到新鲜和新奇，学生的身心开始疲惫，如果之后的练习机械、枯燥和繁多，那么学生看时钟的"回头率"增加也就不足为奇了。

现在教师在进行教学设计时比较重视新授环节的设计，教学情境的多彩，教学活动的多样，为的是能够激发学生学习的积极性。良好的开端是成功的一半，但我们对此也应该知道，良好的开端只是成功的一半，一节课的成功还在于另一半的美好，也就是要有良好的结局。从重要性上讲，教师更应该注重一节课后半段的教学设计，如增强练习形式的趣味性和提高练习内容的挑战性，因为此时学生的学习劲头更需要教师外在力量的维持，至少不能让学生的学习活力很快"失落"。教学情感线的理想状态应该是一条此起彼伏的波浪线，在课的后半段依然会有学习的高潮。如此，提高学生对一节课的后段学习再投入的"回头率"就会成为一种现实，学生也就不会因为课尾学习的无聊而感到时间的漫长，课堂教学也就不会出现虎头蛇尾的失重。

二、看钟与看人

那所学校挂设时钟的目的是给教师看的，对此我们又可以思考的是，面对这个时钟，教师应该看些什么？能够看出什么？据了解，这所学校的教师把这个时钟的作用只是定位于课堂中看看离下课还有多少时间，以此对照自己教学的进度，以防来不及完成教学任务。如果仅此而已，这个时钟也仅仅是一只时钟而已。

我认为，挂在教室后墙上的这个时钟更可以成为教师修正教学行为的一面镜子。教师从中应该能够看到这节课上自己讲了多少时间，时间分配是否合理，有没有挤占学生可以自主学习的时间，据此不断调整自己的教学方式。鉴于如今的课堂常常"超载"，所以我还想建议教师多看看时钟，在一节课的最后5～10分钟，保证为学生留出课堂作业时间，不要让作业总是挤占学生课后休息时间。当然，始终把学生装在心中的教师，是不需要时不时地看时钟的，何时给学生自主时间，应该给学生多少时间，他们往往心中有数，这样的时间自觉是因为他们内心拥有一只为学生而教的"生物钟"。

我认为，挂在教室后墙上的这个时钟还可以成为教师判断教学效果的一面镜子。教学效果怎样，以前许多学校只注重结果评价，一般根据学生的作业情况进行评价。对于过程评价，现在一些学校采用了让学生填反馈表、开调查会等形式进行，然而这样的学生评价未必真实可信，学生有可能慑于教师的威严，也有可能顾及教师的面子而违心评价。其实，对教学的真实评价，写在了学生的脸上，特别是上述案例中的低年级孩子，还不太会伪装自己的感情。可以说，孩子的表情和表现不会欺骗你，特别是孩子的眼睛。因为眼睛是心灵的窗户，人的眼神会透露内心活动。由此，聪明的教师判断学生的学习状态和自己的教学效果，只需要看学生的眼睛。例如，许多教师以为学生举手多教学效果就好，殊不知学生的举手也会弄虚作假，但高明的教师却会察言观色，从中看出端倪。

我们都知道，在有人听课的公开场合，学生的表现会普遍好于平常，一是会克制以前学习的不良行为，二是会积极参与学习活动，以求能给别人留下好印象。所以公开课与平常课相比，学生的心理基础不一样，这也就是许多公开课的效果难以移植到平常课的一个重要原因。上述案例中，学生竟然一反常态，敢在有人听课时回头看时钟，从中可以看出孩子"情不自禁"的心理反应，从中也可以想象出学生对正在进行的教学已经厌倦到了"奋不顾身"的反抗，盼望着下课。如果教师明白这一点，就会知道学生的这种表情和表现如同给自己的教学亮起了红灯和举起了红牌，在警告自己可以结束这样的教学，或者在暗示自己必须改变这样的教学，否则只会使教学越来越糟糕。我们要知道，一旦教学中产生边际效用递减，最后的差劲可能会导致之前的好感遗失殆尽，前功尽弃，这样的教学后果极其可怕，因为学生的消极情绪会蔓延和递增，深深地影响以后的学习。然而，许多教师并不在意也不在乎。

如现实课堂中不乏这样的场景：下课铃已经响起，教师还在"依依不舍"地讲，而学生的视线却已经转移，在偷偷观望教室之外的人来人往，此时你可能会为学生不识自己的好心而叹息。其实，此时你应该清醒地认识到：你此时的讲话效果已经为零,如果你还坚持讲,那么你之后的讲话效果就反而为负,还会让学生因此而讨厌你甚至憎恨你。正如学生回头看时钟一样,教师看到学生心不在焉时,务必要高度警觉,及时反思自己的教学问题,积极改变自己的教学姿态,从而唤回学生求知的心。

曾经在《视觉》杂志 2011 年第 11 期上看到蒋勋写的一篇题为《花落下来》的文章——

> "我在课堂上讲美学。教室的玻璃窗开着,学生都不时地看窗外,没有办法专心听课。我刚开始当然有一点生气,你在讲课、演讲,别人都不看你,都在看外面的花,你自然会觉得有点失落。可是后来我想,如果要讲美,我所有的语言加起来其实都比不上一朵花。一个春天的花季,恰恰是这些 20 岁的年轻生命应该去感受的,他们应该在那里面得到感动。所以,我就做了一个决定,我说:'好。你们既然没有办法专心听我讲课,我们就到外面上课,就坐在花下。'他们全都欢呼起来,毫不遮掩他们的喜悦。那一天,我们就坐在花下上了一堂美学课,看着那些花落下来。"

上述往事中,当"我"看到学生"移情别恋"时,没有把自己的意志强加给学生,因为"我"知道强扭的瓜不甜,所以就顺着学生的兴致,把课堂改在了花前,进行了一次别开生面的开放教学,可以说,这是明智的做法。

正如世上没有无缘无故的爱与不爱,课堂同样没有无缘无故的爱与不爱。学生的回头看钟,表面上似乎是学生对教师劳动的不尊重,实际上却是教师对学生地位的不尊重。学生回头看钟的教育现象,其实在告诉我们这样一个教育理念,那就是教师需要回头看人。

曾经有好事者把流行歌曲《心太软》改编成了教学版,真实地道出了学生的学习心声,也真实地道出了学生对教师的评价:

> "你总是心太软,心太软,独自一个人讲课到铃响,你任劳任怨地分析那道题,可知道学生心里真勉强。你总是心太软,心太软,把所有问题都自己讲,教学总是简单,交流太难,不是你的,就不要多讲。铃响了,你还不想停,你还要讲几分钟吗?你这样讲解到底累不累?明知学生心里在

怨你，只不过想好好讲透课，可惜学生无法给你满分。多余的牺牲，你不懂心痛，你应该不会只想做个'讲师'，噢，算了吧，就这样忘了吧，该放就放，再讲也没有用，傻傻等待，学生学会依赖，你总该为学生想想未来。"

教师不妨在每次上课前多唱唱这首改编后的《心太软》，时刻提醒自己别"心太软"，唯有颇具趣味并能让学生自主的课堂，当学生全身心投入之后，哪还有心思和时间回头看钟?!

08 同等待遇是所有学生的共同心愿

案例

剪指甲①

学校开展校风建设活动，要求学生不得佩戴首饰，不得穿奇装异服，不得留长指甲。我在我的班级也要求学生这样。结果有个小男生就是不剪指甲，我就威胁他我要亲自帮他剪。结果他还是不剪，后来我才知道他的母亲已经去世了。

我就拿把指甲剪去剪，结果剪的时候别的学生都说那个小男生很开心。其实我也不太会剪，好几次差点儿剪到他的手。他还是很憨憨地笑，我心里都觉得酸酸的。

那天我顺便检查了别人的手，结果好多人都很期待地看着我，要我给他们剪指甲。真的很奇怪。班上有个很文静秀气的男生，留了点指甲，我就没搭理，叫他回家自己修理。等我把别人的指甲都剪好了，一回头，他还很渴望地把手伸着，等我去剪……其实很多学生的手都被我剪破过，但他们都很开心。难道就都那么缺少关爱？

在教育中，教师会针对学生个体的不同情况而采取针对性的教育措施。这种个别化教育，大多不会引起群体反应。然而，当教师对一些学生表示友好和关怀时，这种"特别的爱给特别的你"就可能会引起其他学生的羡慕和嫉妒，他们也想拥

---

① 来源：http://www.gkstk.com/p-6316760.html

有相同的待遇,希望教师也能够一视同仁,如上述案例中那些学生同样渴望教师能够给他们也剪一下指甲,如此要求并不是像那位小男生那样缺少父母的关爱,而可能是"眼红"的表现。

一、"从众效应"和"同辈压力"

当然,这种现象还夹杂着我们日常生活中常说的"人来疯"和"凑热闹",也就是心理学中所说的从众效应。有一种从众效应的产生来自同辈压力。同辈压力是指同辈人在互相比较中产生的心理压力,同辈人团体对个人施加影响,会促使个人改变其态度、价值观或行为,使其遵守团体准则。在家庭中,兄弟姐妹是同辈。在学校中,同学更是同辈,班级就是同辈人团体。在青少年中,来自同辈的压力很难避免,因为一般学生都想融入班级同学的圈子并希望自己受到欢迎。

同辈压力的负面影响在于年轻人通常会对不属于他们团体中的人持否定态度。像学校里出现的比穿戴、比家境的小团体往往对背景普通的人嗤之以鼻,心态不好的同学就会希望通过盲目攀比提高受欢迎程度。如上述案例中,其他同学都渴望得到教师的同等待遇的另一个原因可能就是学生的攀比心理,想通过教师也能为自己剪指甲而让同辈团体看到教师对自己的重视,有资历与同学"同"学。

在这种"人比人"的教育竞争环境下,可能让人意想不到的是,一些孩子会独辟蹊径创造机会,做出一些在常人眼里看不懂的奇怪行为,这样的"奇思妙想"只为了能够博得教师的厚爱和优待。如下面案例中的"女儿"为了让老师也能请吃肯德基而"忘记"家里的电话,这样的思想动机让人啼笑皆非。但当我们明白了孩子的心思,就不会再感到孩子这种行为有什么可笑的。

👍 **案 例**

我的宝贝女儿①

女儿上幼儿园,有一天我加班竟忘了接她。匆忙赶去,老师对我说,女儿连我

---

① 来源:《京华时报》2006 年 1 月 24 日,作者:徐全庆

和我们家里的电话号码都记不住，要我好好教一下。我很奇怪，女儿明明能记清家里所有的电话。

晚上我问女儿中午为什么没记住我的电话。女儿说："我能记住，我就是不想说。"我问她为什么，女儿告诉我，上次她们班有一个小朋友中午没有人接，老师带她去吃肯德基了。女儿还说："我也想叫老师带我去吃肯德基。"

当然，同辈压力并不是一无是处。同辈压力，西方学术上解释为：因害怕被同伴排挤而放弃自我做出顺应别人的选择。但现在，这个概念似乎还要外加一层，也就是还要包括同辈（即与自己年龄、地位、所处环境相似的人）取得的成就所带给自己的心理压力。所以，同辈压力也会有积极作用。比如，如果一个人在一个所有成员都很上进的团体中，那么他自然会觉得有压力并选择提升自己，保持自己和其他人的水平。在学校教育中，这就是集体的力量和舆论的力量。有一位教师在教育一名学生时，通过这名学生的姐姐的良好表现来教导他好好学习，这种教育方法就是采用了家庭成员所产生的同辈压力。此时，相对于师长，家庭中的兄弟姐妹和学校中的学姐学弟均属于同辈。

在教学中，小组合作学习大致有异质分组和同质分组。异质分组可以实现智力的互补和资源的共享，但也容易出现一些好学生唱独角戏的局面。如果根据"地位、所处环境相似"这一细则来界定"同辈"，那么对学生来说，把他放在一个成员水平差别比较大的小组（异质分组）之中，与把他放在一个成员水平差不多的小组（同质分组）之中，后者的压力反而更大，由此动力也可能更大，因为相对而言，水平差不多的成员之地位、所处环境更为相似，更是"同辈"，产生的同辈压力更强。如对一名学习成绩比较差的学生来说，看到一名成绩比较好的同学的表现比自己好，与看到一名原本和自己水平差不多的同学的表现比自己好，后者给他的压力更大，对他的触动更大。所以，有时把一名差生放在异质的小组之中，效果未必就好，他们可能会无动于衷，而如果把一名差生放在同质的小组之中，有时效果反而会更好，他们可能会你追我赶，个中原因就是同辈压力的作用，促使他们对超过自己的"同辈"很不服气。而在平时的课堂教学中，教师经常采用的是异质分组，这种同质分组能够产生同辈压力从而促进学生学习的理论可能是教师没想到的。

二、"同辈压力"和"人心资本"

顺此联想到以前辅导差生的做法,我为了能够提高他们的成绩,也为了能够提高他们的自信,把传统的课后补课改成课前补课。课后补课,是出现了问题之后的补课,差生是带着失败的心情来补课的。而课前补课,首先为差生补习学习新知所需要的基础知识,并顺便指导他们预习新知的方法,从而排除课中学习可能出现的困难。通过课前补课,差生对新授知识已经心中有数,在课中就有了良好的表现,让其他同学刮目相看。这样有准备的学习,让差生越来越有自信,表现也越来越好。差生的越来越好,让一些好学生感到紧迫并心生奇怪,当他们发现了其中的秘密之后,竟然也要求加入课前"开小灶"的队伍,让我惊讶不已。从这一事例中,我们又不难发现,这里的同辈压力已经不再属于"与自己年龄、地位、所处环境相似的人取得的成就所带给自己的心理压力",而属于"因害怕被同伴排挤而放弃自我做出顺应别人的选择"的范围,此时差生的行为亦能带动好学生的积极跟进。

课前补课的良好成效带给我们的另一个思考是"人心资本"在教育教学中的应用。人心资本同社会资本、人力资本一样,是一种商业意识形态,是企业员工的心理素质表现,正确开发和应用员工的人心资本是成功的企业管理法则之一。引用到教育中,开发"人心资本"就是要提高学生的自信、希望、乐观和坚韧性四种心理素质,使学生的幸福指数更高。课前补课,不再是课后补课的"亡羊补牢",而是"笨鸟先飞"甚至是捷足先登,让差生看到了充满前景的学习生涯,为他们建立了适合自己的发展路径和成功通道。课前补课所产生的连锁反应是:教师在差生这里投入了"人心资本",而"从众效应"的结果又在非差生那里产生了"同辈压力",最终获得了一举两得的教育效果。

由此可见,良好的"从众效应"、"同辈压力"和"人心资本"可以促使学生生发追求同等待遇的积极性,成为每个学生追求进步的不懈动力。对差生而言也是如此,他们同样不服输,也有一颗不想比同辈差的竞争心。进而又想到目前热衷的分层教学,教师常常会根据自己的看法把一些比较复杂的问题交给优等生解决,而只把一些比较简单的问题留给差等生解决,美其名曰"因材施教"和"照顾差生",殊不知这样做的弊端很明显:差生会变得越发自卑,他们虽然会找回一些自信,但这不会长久——遇到稍难的问题还是不会,信心依然受到打击,因为最终的考试是不分层的。另外,这样的分层会导致差生的学习动力和学习能力将一直处在较低水平。再则,当差生知道教师对自己的另眼相待(没有获得教师的同等待遇)后,可能无形中会形成"我是差生"的标签效应。

低层次要求只会造就低层次学生。如果总是让学生"跳一跳就能摘到果子",那么最终培养的学生可能只达到"跳一跳"的学习本领,如果经常让学生"跳几跳才能摘到果子甚至摘不到果子",那么就能不断开发学生的学习潜力,让学生在不断进取中不断进步。所以我认为,教师应该对学生一视同仁,给学生同等待遇,当提出比较难的问题时,也应该问问差生的意愿和想法,也应该试试差生的能力和水平,或许最终无功而返,但他们毕竟努力过,同样会拥有努力尝试的快乐。

分层教学本身并没有错,关键是我们要思考在何时分层、用何种分层以及由何人分层能够对自己的学生产生最大的促进作用。例如,在分层过程中,教师不应该明显地把学生分成 A、B、C 等,然后把问题或题目也分成 A、B、C 等,让相应等级的学生对号入"做"。也就是说,学生的分层不应该由教师去指定,学生属于哪一个层次,能够解答哪一个层次的问题和题目,应该让学生自己去选择和尝试,从而在不断磨炼中找到适合自己的坐标。

可能有教师要问,课前补课这种因材施教的做法,为何差生就很少有甚至不会有差的感觉呢? 因为课前补课提前交给了他们更好学习的砝码,抬高了他们学习的起点,保证了他们在课中能够有比较好的表现,甚至比好学生表现更好。差生课堂学习的顺利以及由此而获得的成就感,再加上非差生的加盟要求,会冲淡甚至冲走一开始课前补课可能存在的自卑感,日久天长,他们就会慢慢忘了自己曾经是差生,同学也会慢慢忘了他们曾经是差生。由此可见,帮助差生应从关照学生心灵开始。

09 闭目或将使学生的学习效果更好

在教学中，看到学生眼睛看着甚至盯着你或黑板的时候，我们才放心，认为学生在认真听讲。哪怕此时的教学内容学生可以不看，只需要听，但你也不会轻易允许学生闭上眼睛只用耳朵"听"课，因为在我们教师心中，常常只认这么一个理，那就是要从学生的眼神中看出学生是否在听讲以及认真与否。而实际情形是，学生闭上眼睛未必代表不在认真听课，有时反而听得更好。

一、闭目可以养神

在生活中，我们经常看见一些听书人闭着眼睛听书是何等地享受。在古时候的私塾中，那些读书人闭着眼睛读书是何等地陶醉。闭目为了养神，这样可以保证他们一门心思地投入书中。

同样道理，对于一些不需要学生看只需要学生听的课，特别在学生看得累的时候，我们不妨允许学生闭上眼睛"听"课，这样或许听得更好。因为睁着眼睛需要分配人一定的注意力，需要"分"心，而且睁着眼睛更容易受到外界事物的干扰，分散人的注意力，从而分心。

有位教师在让学生做判断题时，让学生看题后闭上眼睛静静地思考，甚至让学生一开始就闭上眼睛听题，然后将自己的判断结果用手势反馈。虽然，教师让学生闭上眼睛判断的本意是为了使结果能够真实地反映学生的本意，防止学生看见别人手势后改变自己的判断，产生人云亦云现象，但不可否认的是，学生在作判断时闭眼，可以有效避免外人打扰和外界干扰自己的独立思考。

学校中，教师都有这样的体会，课前有眼保健操的那节课学生大多精神抖擞，学习效率比较高，原因就在于五分钟的闭眼按摩让学生不仅养了眼而且养了神。

有的学校把眼保健操放在一节课结束之后,我感觉,眼保健操还是放在课前比较妥当。或许有人说,眼保健操并不是每节课前都有啊,但我想说,每节课前都有1~2分钟的预备时间,此时教师不妨让学生闭目养神一会,这样有利于学生迅速调整情绪,从课间活动的喧闹中静下心来准备上课。由此我又大胆猜想,在课中,当学生经历了紧张的新知学习之后,身心大多比较疲惫,此时如果让学生闭上眼睛休息一分钟,接下来的学习效果是否会更好一些呢?

在生活中,我们还常常发现,盲人的听觉特别灵敏。我曾看过这样的电视节目,节目主持人让丈夫蒙上眼睛,在众多女人的手中通过摸手找到自己的妻子,结果很多丈夫能够摸对。曾经听过这么一句话:上帝在关闭一扇窗的同时,往往会为你打开另一扇窗。是啊,在教学中,当我们关闭学生的视觉通道的同时,学生的听觉器官或触觉器官反而会得到更好的开发和利用,有时会学得更有神采,甚至出现一些神奇的教学效果。例如,有这样两种教学活动,一种是让学生在各种平面图形中用眼看圆,一种是让学生闭上眼睛在众多平面图形中用手摸圆,哪一种方法学生对圆的特点更有感觉呢?经过实验,我们发现学生闭上眼睛摸圆更容易关注到圆的外在特点,因为闭上眼睛之后,学生只能在触摸中用心去体会,更能有意识找到圆与其他平面图形的区别。

在课堂教学中,教师不敢让学生闭着眼睛听课的原因还在于担心学生听着听着不知不觉地睡着。其实,如果学生在用心倾听,是不会不知不觉地睡着的,因为这种倾听是伴随着思维的活动,闭上眼睛是为了能够保证思维可以一心一意地活动,只有不动脑筋的听才会让人产生睡意。也就是说,如果教师的讲课不生动,学生哪怕睁着眼睛听课,也可能会睡着;反之,如果教师的讲课很生动,学生哪怕闭着眼睛听课,也不可能会睡着。所以,学生的睁眼闭眼不是决定是否认真听讲的关键,教师的讲课质量才是决定因素。

在听课过程中,万一学生真的打个盹,其实也未必是坏事。最近有科学研究表明,学生学习之后打个盹对记忆力有积极影响。美国印第安纳州一所大学的研究人员2012年3月公布最新研究[①],称学生上课打盹并非是坏事,在记下某些知识后打个盹,记忆效果会大大增强。该研究的主要负责人杰西卡·佩恩对207名学生

---

① 参考:中国新闻网,http://www.chinanews.com/gij/2012/03—27/3776466.shtml

进行调查后，表示学生在学习后打盹时，大脑中仍对这些知识进行"回顾"，这将使学习效果增强。（可参阅本书《张弛有度能够让学生健康地学习》一文中的"安排学生休息时间"一段内容）

二、闭目可以强记

杰西卡·佩恩进一步说："我们的研究证实，在学习之后立刻睡觉对记忆力有好处。睡眠对短期记忆和长期记忆都很有效。因此我们认为，如果想记住什么东西，最佳时段应该是晚上睡觉前。"

对照这一研究结果，许多人在睡觉前复习知识的做法是符合科学的。所以，我们应该教会学生这一记忆方法，让学生睡觉前躺在床上闭上眼睛，在脑海里把当天学习的知识"过电影"，这有利于知识的记忆和巩固。闭上眼睛后对刚发生过的往事的回忆似乎是自动进行的。我们都有这样的经验，夜晚躺在床上的时候，一闭上眼睛，各种各样的生活画面就会一个接一个地放映出来，就像看电影似的。特别是那种快乐有趣的课堂生活、活动的学习画面更容易在睡觉前浮现在学生的脑海里。

受此启发，对一些难记的知识，教师不妨有目的地让学生在睡觉前记一记，效果往往更佳。当然，学生在睡觉前也可以学习一些新知，边看边学边闭上眼睛记一记，最后枕着书本一觉醒来，那些睡前看的东西往往记忆犹新。甚至在睡前戴着耳机听英语，哪怕在不知不觉中睡着，结果依然能"听"进不少播放的英语内容。

由此我又大胆猜想，在一节课结束时，甚至在一个知识片段结束时，让学生趴在课桌上闭上眼睛，在脑海里把刚才学习的知识"过一下电影"，是否能够更好地达到即时记忆的效果？

那么，为什么闭目更有利于思考？这个问题可以从我们遇到的生活体验和困惑谈起——人在思考时为何会抬头或闭眼？据美国《今日心理学》杂志报道[1]，当眼睛睁开时，大脑负责视觉的区域就会不自觉地获取外界图像信息，这个区域处于忙碌状态。当你思考时，需要闭上眼睛暂时中断外界信息的干扰，让大脑更有利于思

---

① 来源：《中华中医药学刊》，2013 年第 1 期

考。抬头看天也会有所帮助,因为天花板或者天空比较单调,不容易引起眼睛的"兴趣"。与抬头相比,闭眼则显得更加方便和有利。

三、闭目可以促思

在现实教学中,虽然我们很少看到有教师让学生闭着眼睛听课和闭着眼睛忆课的做法,但我们却经常会听到教师让学生"闭上眼睛想一想"的指令,此时的教学用意大多是为了让学生能够展开想象的翅膀。特别在形体知识教学中,教师常常会让学生"闭上眼睛想一想"。一是在使学生建立形体表象时,如学习了长方形知识后,让学生闭上眼睛想象长方形的形状;二是在让学生展现形体形象时,如看到"长方形宽5厘米,长是宽的2倍"的文字表述,让学生闭上眼睛想象长方形的形状。此处的想象属于知识的留影和成像。

另外一种想象则属于思维的伸展和发散。我们都有这样的感受,在做心理引导的时候,被引导者常常需要闭上眼睛,随着引导者的语言渐渐入情入境,在各种想象中实现精神的穿越。

这种心理引导在教学中也有应用。例如,在教学"射线的认识"时,教师常常会让学生闭上眼睛,随着教师诗情画意的语言"射线的一端在不断向前延长、延长……穿过教室,穿过树林,穿过大海,……射向远方,无边无际,没有尽头……",学生渐渐进入教师所描述的情境,思绪不断地延长,认识也在不断地延长,最终建立对射线的表象并加深对射线的印象。

生活中,我们在欣赏音乐时,往往会闭上眼睛,随着音乐的起承转合,似乎"看"到了音乐所描绘的情景。这种对音乐的如痴如醉,如果睁着眼睛听,很难达到如此境界。同理,教学中,在播放语文课文的配乐时,教师大多会让学生闭上眼睛进行想象。在让学生想象时,学生闭上眼睛不看往往比睁开眼睛看教学效果更好,这就是图片的情境常常会丧失文字的意境的原因。一旦学生看了,想象空间反而可能被压缩,想象能力反而可能被压制。

我们可以作进一步思考,在教学中,有没有一些教学内容可以把原本让学生看改成只让学生听?这样听得见而看不见的教学能否让学生学得更好?

案例

"听数"教学法①

教学"3的倍数"时,我让学生闭上眼睛,用耳朵来听老师在计数器上拨出的数是否是3的倍数。我强调,要专心听计数器上有几颗珠子落下的声音。我一个一个地拨下6颗珠子,2颗放十位上,4颗放个位上,然后把计数器藏到讲桌下面,再让学生睁开眼睛交流听到的信息。

生1: 我听到有6颗珠子落下的声音,是6吧,它是3的倍数。

生2: 我也听到有6颗珠子落下的声音,也可能是60或600吧,反正都是3的倍数。

生3: 我觉得还可能是15或51,反正也是3的倍数。

生4: 也可能是411或2400,那也是3的倍数。

生5: 还可能是111111或303000吧,那也是3的倍数。

生6: 不可能是六位数的,因为老师的计数器的最高位是千位。

此时,学生的答案越来越多:1005、4101、33、3003、3300、1113、2220,…学生在交流中逐渐得出:只要各个数位上的数字之和是6的数都有可能,当然这些数也都是3的倍数。

从上述案例可以看出,听而不见,能够促使学生更多的思考。如果学生看着计数器来练习,看到的就只有"24"这个数。而闭上眼睛,学生显然"看"到了更多。更巧妙和更重要的是,学生在听的过程中,因为听到的结果只是一个"总数",在汇报时学生就会自觉地把这个"总数"进行分解,这个分解的过程实际上就对应着"各个数位上数的和"这一知识要点,也就是说这一"主意"是学生自己想到的,而非教师告诉的,知识难点也就在学生的"听"课中一下子被攻破。

在听的过程中,知识反映在学生脑海中的形象可能不再单一和单调,而表现为多种多样和多姿多彩,并且每个学生听到的知识映像也可能不尽相同。而如果学

---

① 来源:苏州国际外语学校小学部,张玉胜

生睁开眼睛去看,可能就只看见了一种答案,所以,"听"的教学更可能产生别有洞天和别具一格的效果,这对培养学生的发散思维和创造思维很有裨益。

例如,在教学"用倒推法解决问题"的课中,为完成例题教学后的练习,我设计了一个让学生听记的活动,我口述"一个数,加7,减8,加9,得10",结果学生"听"出了许多种记录方法:①一个数,加7,减8,加9,得10;② ? $\xrightarrow{+7}$ -8 $\xrightarrow{+9}$ 10;③ $\square$ $\xrightarrow{+7}$ $\square$ $\xrightarrow{-8}$ $\square$ $\xrightarrow{+9}$ 10;④ $x+7-8+9=10$。能有这么多的主意,是因为学生只能听得到教师说的话,而看不到教师写的字,于是生发了许多想象,产生了许多"翻译"结果。

另外,让学生闭上眼睛听题和想题,还有利于促进知识的建模。例如,在教学"——间隔规律"之后的巩固练习中,我一反常态,没有像前面的练习题那样呈现"ABABABABABABABABABABAB""ABABABABABABABABABABABA"这样的题面,而是采用口头报道的方式让学生听。结果当我依次报出"ABABABAB……",才报到一半的时候,许多学生已经很不耐烦,纷纷打断我,强烈要求我直接告诉他们最后一个是哪个字母。至此,我的设计大功告成,因为学生有这样的要求,说明他们已经听出了其中的排列规律,并对其中数量规律的掌握已经很牢固。只让学生听题,与一目了然的看题相比,更容易让学生产生真实的情感反应,更容易使规律的本质凸显出来。

综上所述,虽然人感受外界信息80%以上来自视觉,我们也一直认为视觉与听觉同时进行所接受的东西更多,但我们不能因此而过分依赖甚至夸大视觉的作用,片面地认为学生离开了视觉的投入学习就一定会因此而逊色。我们应该看到,有时闭上眼睛,其他的感官反而会更强大,听得更清,想得更深,学得更好,获得的信息也可能比80%更多。[①]

---

① 参考:复旦大学生命科学学院神经生物学教授兼中国科技大学教授寿天德的研究成果

10 发挥魔术力量也可以吸引学生学习

美国大名鼎鼎的魔术大师大卫·科波菲尔在美国洛杉矶机场表演的魔术节目，令人瞠目。他首先从观众中选出一组人，蒙上眼睛，令其手挽手，把一架喷气式飞机完全围起。随后，工人们抬来一堵轻型墙，将人群及飞机围住。一束灯光将人和飞机的影子投射在墙上。随后，灯光熄灭了。片刻，灯光复明，墙被移走，喷气式飞机却无影无踪。

魔术表演是一种舞台艺术，其效果无不让观众为之疯狂和痴迷。联系到我们的学校教育，可以说，课堂是教师表演和学生表现的舞台。然而，要让学生能有良好的表现，教师若能有一定的表演艺术，也能让学生为教学着迷。在诸多表演艺术中，有一种表演艺术教师很少想到，那就是魔术。魔术具有魔力，引用到教学中，其神奇足以让学生感到惊奇，能够强烈吸引学生在寻找魔术的神秘中寻找知识的奥秘。

一、教学内容——借用魔术的科学知识

有些魔术是以特殊的艺术手段在观众面前表演技巧，制造幻觉，故魔术家又称为幻术家。这些魔术"骗"人有"方"，说穿了，这"方"其实是利用了科学知识。举个最简单的例子，把一杯清澈透明的水变为有颜色的水，用的是化学知识。加几滴酚酞至水中，水不变色；倘再加几滴阿摩尼亚，水则变为粉红色。因为酚酞溶液遇碱变粉红色。科学工作者常用酚酞测试未知溶液是否呈碱性。

又如，向金属罐头盒上倒一杯水，罐头盒立即被压扁了。倒的是"魔"水吗？不，只是一般的清水。这用的是物理方法：首先，倒半杯水进罐头盒内，然后将盒放在热炉上加热。待水沸腾后，将盖子松开一点，继续加热几分钟。煮沸使罐内空气

驱出,只留下蒸气。随后将盖子盖紧,把盒倒置。取一杯水,浇在罐头盒上,盒马上就扁了。因为煮沸后,盒内只剩下水蒸气,浇了冷水后,蒸气遇冷凝结,罐头盒内形成部分真空。盒内压力骤减,外界的大气压就将罐头盒压扁。

由此可见,有些魔术本身充满着学生所学习的知识,因此,让学生看魔术以及了解魔术的原理,将有助学生的知识学习和知识复习。并且,这种通过魔术而进行的学习活动,将具有很好的视觉效应和心理效应,学生会在紧张、惊奇、激动中获得很好的身心体验,这样的学习充满着趣味。在教学中,能够直接与魔术相联系的学科,化学与物理无疑是首选。

例如,一位教师在讲授化学"酸碱中和反应"时,设计了一个魔术表演:展示一张干燥洁净的白纸,然后用玻璃棒蘸取一种无色的液体(酚酞)在纸上画一个蝴蝶,向学生展示,看不到什么,再向纸上喷另一种液体(氢氧化钠溶液),结果看到纸上出现一只漂亮的蝴蝶,最后向纸上喷另一种无色液体(盐酸),结果蝴蝶"飞"走了。此时教师提问:"同学们,你们想知道这个魔术的原理吗?"如此一番情境设置,既激发了学生的学习欲望,又因势利导,启发学生探究酸碱中和反应。

又如一个涉及热学方面的小魔术"瓶中的跳币":魔术师拿出一个瓶子展示给大家,是空的。他在瓶口涂上一点油,再从衣袋里取出一枚五分硬币盖在瓶口上面,将瓶子放到酒精灯上烘热,放回桌上。他两手用力搓了一会儿,再放到火上烘了一下,突然两手把瓶子捧住,那瓶口上的硬币好像被什么东西弹了一下,竟从瓶口上跳了起来,"当"的一声掉在桌子上。这个魔术运用的原理实际上是"热胀冷缩"现象。表演时,瓶子烘热了,手也暖了,捧住瓶子时手上的热量能够使瓶中空气的温度升高,体积膨胀,就向瓶口排挤出来,把硬币冲得跳起来了。

二、教学形式——借用魔术的表演手法

除了把一些魔术引进课堂,在揭示魔术原理中教学知识,帮助学生学习之外,我们还可以利用魔术惊心动魄的表演过程和利用魔术大张旗鼓的艺术手法来渲染教学气氛,让学生能够目不转睛地投入到学习之中。这样的魔术手法,除了物理和化学学科教学,也可以应用于数学等理科教学,还可以应用于语文、英语等文科教学。

例如,一位教师教学英语方位名词"in"时,准备了一块手帕、一支钢笔。课前把.

钢笔放入袖管中。上课后,教师这样表演:这是一块手帕,里面没有任何东西,这时再用一只手顶着手帕中间,同时放下另一只袖管中藏有钢笔的手臂。当钢笔滑入手中时,顺势将钢笔放入手帕中,再摊开手帕,此时学生会很惊讶手帕中出现了一支钢笔。学生很想知道钢笔的来历,这时教师可以将魔术过程重复一遍,解谜一番,边演示边用英语解释。在解释时,特别强调方位名词"in"。之后,可请学生学着做这种边说边演示的活动。

再如一位教师教学数学"比例尺"时,问学生:"我们国家的国土面积有多少?"学生答道:"我国国土面积为 960 万平方公里。"接着,教师故作神秘地告诉学生:"我把这么大的中国放在了我的衣服口袋里,这样的事情可能吗?"学生怀疑:"我国这么大,你衣服口袋这么小。怎么可能放得下呢。"结果教师从衣服口袋中掏出一张中国地图,学生恍然大悟:"原来这样啊!"教师顺势问学生:"老师是怎样让这么大的中国放在了这么小的口袋里的呢?"学生答道:"用缩小的办法。"于是,教师开始组织学生研究缩小的方法,进入比例尺知识的学习活动。

尽管上述"比例尺"教学不是严格意义上的魔术表演,但教师导入知识时所采用的表现手法却借鉴了魔术的神秘和悬念,让学生在"不可能"中积极思考"可能"的奥妙,从而顺利地发现知识。另外,魔术常常与夸张手法连在一起,而夸张又能很好地刺激学生的神经,所以,我们可以借用魔术的这一特点,为教学服务。

一位教师在教学数学中"分数与整数的乘法"时,没有直接出示几个相同分数相加的算式让学生改写成分数乘法算式,而是模仿魔术师那样夸张地用手一下子甩出一串长长的纸条,纸条上写着一串长长的许多个相同分数连加的算式,学生感到眼前一亮、心中一惊:"哇,算式这么长啊!"自然地产生了简写的心理需求。

上述魔术表演必须手脚灵活,而手脚灵活必须头脑灵活,这些也是学生学习所要努力达到的境界。如本文开头的那个喷气式飞机消失的魔术,用的既非化学也非物理学,只是让你看到了某些你实际根本未看到的东西。魔术师必须转移观众的视线,声东击西,趁人不备,在观众意识到物体消失之前,就已经将其转移。魔术在这一点上可以带给学生情感的震撼、思想的启示、生活的智慧和探究的欲望,由此可以说,魔术本身就可以成为技能训练内容,教会学生怎样做到心灵手巧。

案例

美国老师上魔术课 "断绳复原"让孩子手舞足蹈①

最近我去美国考察，在密歇根州的一所小学观摩了一节有趣的魔术课。这节课叫"断绳复原"，就是把一节完整的绳子从中间剪断，经过巧妙的表演，断开的绳子竟然奇迹般地恢复了原状。上课的詹姆斯老师示范表演时，学生们个个睁大眼睛全神贯注地观看，好奇的眼神想一下就把谜底揭穿，但是没有一个人成功。詹姆斯老师开始用"慢动作"表演，底下的学生手舞足蹈地模仿起来，还是没有人成功。

孩子们尽情地展开想象。有的说："老师很快把绳子粘在一起了。"有人说："绳子本来就没有断，是老师的'障眼法'。"还有人说："老师很快换了一根绳子。"

事实上，詹姆斯老师运用的是"偷梁换柱"手法，当一步一步揭开秘密时，孩子们恍然大悟，每个人挥动着手里的绳子练习起来。课堂秩序非常"混乱"，詹姆斯老师并不整顿纪律，而是任孩子们发挥想象，动身动脑，用各种各样的方法进行演练。

詹姆斯老师告诉我，与这个魔术课对照的还有一个班，由迈克尔老师上传统课。经过两个月的对比实验，魔术班学生的想象力和注意力比传统班有明显优势。他们仔细研究发现，魔术课使那些自信心不足或者害羞的学生受益更大。

正当我和詹姆斯老师交谈时，一个学生跑过来对老师说："'偷梁换柱'我已经学会了，但是经常'露馅儿'，我用'障眼法'表演不'露馅'而且更快。"詹姆斯老师看了她稚嫩的表演高兴地夸奖道："你很有创造性，祝贺你！"

学生们对魔术课非常感兴趣，充满了好奇与探究的欲望。他们通过简单道具演绎出"奇迹"。詹姆斯老师还给我讲了一个魔术小故事：一个叫安娜的小女孩，在上学路上看见一个流浪老人，因抽烟时不小心烧残了1美元而痛苦不已，于是她回到家里，悄悄把自己平时积攒的硬币换成1美元钞票交给老人。对他说："这是我用魔法把你烧破的钱又变回来了。"小女孩当场做了演示，表演毫无破绽。老人破涕为笑，夸奖安娜聪明善良。

这一天，詹姆斯老师布置的课外作业是让孩子们教会爸爸妈妈"断绳复原"的

---

① 来源：《文汇报》2012 年 3 月 1 日，作者：张其纲

魔术。我发现很多孩子和家长在嬉戏中探讨魔术,仿佛又是一节"亲子沟通课",孩子充满了成就感,欢声笑语给全家带来了快乐。"魔术课能创造奇迹,一些学习很差的学生,一旦表演成功,就克服了自卑,赢得了自信心和自豪感。"詹姆斯老师说,"安娜就是通过熟练的魔术,在与同学玩耍中建立起个人魅力,受到了大家的喜爱和尊重。"

上述案例中,"魔术班学生的想象力和注意力比传统班有明显优势"这一教学效果充分说明了魔术对培养孩子的情商大有裨益。如果把智力看做一种潜在智慧的话,情商则是唤起这些潜在智能的笛声。魔术是一门创造奇迹与极限的艺术,更能搭建起孩子们通向成功的心灵桥梁。

魔术是在玩的过程中达到表达知识、传递技巧的目的。学生最感兴趣的学习就是能够在玩中学。魔术表演不但玩出了"不按常理出牌"的惊奇,有时还玩出了"不按常规出招"的惊险,它的一些惊险动作让我们想到了杂技表演,如果我们的课堂也能够有一丝"惊险",那么教学气氛就不再死气沉沉,在此意义上,我们也就有了能够紧紧抓住学生心的"魔"力。

案例

"看,物理起作用了"[①]

沃尔特·略文已经在美国麻省理工学院待了 40 余年,不仅在学校内受到学生热捧,更是在网络上掀起物理热潮。网友们发现,这个总是穿着衬衫戴着眼镜的老头,在黑板上写下一串串公式之余,还把自己吊在摆钟上来回晃荡,有的时候拿着一大杯苹果汁上蹿下跳……你永远不知道下一秒钟,这位不按常理出牌的教授会做什么事;你时刻准备着被惊吓,却常常发现自己准备得还不够……

有一次,他骑着一辆三轮车冲上了讲台。这辆三轮车以灭火器为驱动,这是为了演示火箭如何起飞。"火箭"起飞的威力确实够大,巨大的推力让略文差点骑着

① 来源:《大学生》2012 年第 8 期,作者:张盖伦

三轮车冲出了教室，好在他及时停下了。"看，物理起作用了！我们下周五见！"略文骑着他那滑稽的三轮车，在教室门口回眸，对学生们说道。

每一节课，在某种程度上都是一出戏剧——有序幕、有高潮还有大结局。"我可以让学生笑，让学生哭；我可以让他们坐立不安，也可以让他们屏住呼吸。"沃尔特·略文简直就像一名出色的编剧，他设计了课程的每一个阶段，让他的学生们时刻保持高度紧张——紧张等待着下一幕的剧情。略文说，如果有人认为物理乏味无聊，那只能说明一件事情，这个人没有遇上一个好的物理老师。而好的老师，完全可以让物理变得有声有色。

如果进一步根据魔术的一些特点进行联想，那么魔术的变幻莫测和高深莫测可以让我们想到魔方，它也同样具有"魔"术效果——足以让人着魔的玩术。在20世纪80年代初那段人人都在玩魔方的日子，当这项被当作锻炼思维能力的体育活动风靡开时，人们对它痴迷的狂热程度波及了每一个阶层。那时英国的大学里甚至出现了魔方理论研究小组，美国麻省理工学院专门成立了魔方爱好者协会。破解魔方的书出一本热销一本，甚至加利福尼亚大学一个数学博士还建立了一个世界魔方交流中心。从1980年到1982年底，据说当时地球上有五分之一的人都在玩这个智力玩具。

其实魔方一直是数学家的玩具。被评为史上十大天才数学家之一的剑桥大学教授约翰·康威认为这些小方块最大的意义是将数学之美普及给了全世界。顶尖群论的数学家们将魔方上升为一门科学。它可以锻炼人的动手能力和三维立体感知能力，对几何、数学、逻辑思维都有促进作用。所以，我们不妨让学生课余玩一玩魔方，学生一定会被魔方的"魔"力所吸引。

这个由匈牙利人发明的"魔方"，和中国人发明的"华容道"、法国人发明的"独立钻石"，被称为智力游戏的三大不可思议。教师应该鼓励和组织学生玩这样一些智力游戏，作为第二课堂，对开发学生的智力、锻炼学生的能力和培养学生的毅力都有裨益。有一所学校常年在课余开展国际象棋的特色项目和兴趣活动，结果发现，玩棋非但不会耽误学生的学习，反而有助于学习效果的提高，因为参加这样的兴趣活动的学生的大脑更灵活、见识更广阔、思想更深刻、意志更坚定。

11 学生渴望的另一种交流方式叫拥抱

曾经在《钱江晚报》上看到作者石爱娟写的一篇题为《爱我，你就抱抱我》的文章——

晚饭过后，我正在洗碗，5岁的儿子跑过来在我身边蹭来蹭去的，就是不说话。我问他怎么了？他小声地说了句："妈妈，抱抱我吧。""为什么？发生什么事了吗？"我心里一阵紧张，是不是哪里不舒服？儿子却说："没什么事，我就想让你抱抱我。"听了这话，我才松了一口气，霎时也明白儿子这是在撒娇呢！我笑着柔声拒绝："不行，你现在可是小小男子汉了，怎么还可以要妈妈抱呢！"

"可是，你已经好久没有抱过我了。"儿子还在争取。是的，我真的已经好久没有抱过他了，哪怕是他不小心摔了跤，我也只是站在一旁鼓励他自己勇敢地站起来，因为我告诉过他，是男子汉，就一定要学会坚强。

看着儿子楚楚可怜的乞求目光，我的心一软，差一点就答应了，可我冷静了一会儿，依旧拒绝："不行！"

儿子的眼神黯淡了，头也随之低了下去，身体慢慢地从我身上移开了，然后快快地离开厨房。就在我为自己的坚持而高兴的时候，儿子丢给了我一句"狠话"："妈妈，我马上就要升中班了，你再不抱我，以后就抱不动我了。"

我不禁被他稚嫩的话语给逗笑了，难道他升了中班我就抱不动他了吗？可是，想着想着，我脸上的笑容就僵住了，现在我能抱得动他，可以后他如果升了小学，升了中学，再到升了大学，我还能抱得动他吗？关键是，到时他还需要我抱吗？想到这儿，我立刻擦干了手，一下就抱起了儿子。儿子已经很重了，我抱起来有点儿吃力，把他抱妥当，刚想抱怨他怎么这么重时，儿子已经搂着我的脖子在我脸颊上重重地亲了一口，那种感觉，好幸福！

日本的育儿专家松田道雄，她也是一名妈妈，她曾在《育儿百科》里说过："在孩子需要抱的时候，尽可能多抱抱他吧！转眼，人家就不让抱了！"妈妈的拥抱，是甜丝丝的，不论是多么坏的心情，也会融化其中；妈妈的拥抱，是芬芳的，只要进入她的怀抱，闻着那清香，肯定是世间最美的享受。妈妈一次紧紧的拥抱，就是对孩子一次信心与爱的灌溉，能让他们找到温暖和安定，哪怕是再坚强的男子汉，也需要这种感觉。拥抱孩子，是爱他最好的一种表达方式。

一、拥抱孩子，母亲爱的本能

一名童年缺乏母爱的心理学家哈洛在恒河猴身上发现人类身上爱的秘密。恒河猴和人类的基因非常相似，它们的基本需求、对外界刺激所作出的一些反应，与婴儿如出一辙。哈洛制作了两只"母猴"：一只母猴的外表由铁丝网制成。腹部上方还有铜制的"乳头"，上面有个小洞，方便奶水流出；而另一只母猴由厚纸筒套上绒毛布巾制成，体内还安装了一个灯泡。实验开始了，哈洛把一群刚出生的恒河猴放进笼里，刚开始时，它们一边尖叫，一边撞击着笼子，情绪极不稳定。几天后，幼猴知道母亲不会出现了，便把感情转移到绒毛母猴上：它们会趴在它胸前，用身体蹭它，抚摸它的脸，轻咬它的身体。当然，如果幼猴肚子饿了，会跳下绒毛母猴，来到铁丝母猴面前，吸取乳汁。吃完后再迅速回到绒毛母猴的怀抱。

是怎样的奥秘，使得幼猴不约而同地作出了这样的选择？哈洛认为，这是因为绒毛母猴能够提供接触安慰，而铁丝母猴不能。两者的差别如此之大，让我们几乎可以断定，幼猴吸奶只是为了能够和母猴保持亲密的接触。哈洛由此得出结论：爱源自接触，而非食物。母亲总有一天不再分泌乳汁，但是孩子还是会爱着母亲，因为他们的脑海里还有被爱的记忆。每一次亲子互动，都源自幼时感受到的温柔抚触。如今，哈洛的观点已经得到了各领域的广泛认同。婴儿在医院里都会有专人负责抱，事实也证明：如果没有肌肤的接触，婴儿几乎活不过六个月，即使勉强活过了,以后也会反应很迟钝,常做噩梦。有人说,即使母亲没有奶,也应该把孩子紧紧抱在胸前,让他接近乳房,再给他奶瓶。

另外,母亲的拥抱对孩子是一种最高奖赏。在一次比赛中,他一个奖项都没有拿到,挫败感可想而知,他的母亲给予他一个深深的拥抱,那是理解和信任。这就是我国著名的青年钢琴家吴纯和他的母亲吴章鸿的故事。人生的路上,无论遇到什么样的困难,母亲敞开的怀抱,对孩子就是最好的安慰和鼓励。

二、拥抱学生,教师爱的职能

孩子需要母亲的拥抱,那么,在学校教育中,学生心底里是否也需要教师的拥抱呢? 下面的案例可以告诉我们关于这一问题的答案——

案例

"老师,不要这样的奖励可以吗?"[①]

为了鼓励表现好的明阳,我决定奖励他。我原以为孩子们喜欢的奖励无非是小旗、金星和贴画,便把它们摆在讲桌上让明阳挑。但他只是看了看,却没有动,而是用渴求的眼神望着我,小声说:"老师,不要这些可以吗?"我一愣,随即弯下腰问他:"那你想要什么?"他踮起了脚,附在我耳边悄悄地说:"老师,您可不可以像抱您的孩子一样,抱抱我?"我的心"咯噔"一下,随即抱住了他,紧紧地搂在胸前。

说实话,我怎么也没想到明阳会要这样的奖励,可细细想来也不奇怪,明阳的爸爸妈妈在外地工作,他肯定是想妈妈了。虽然此刻我看不到明阳的表情,但我相信他一定很满足、很幸福。

在我们的常规思维中,对孩子的奖励大多会采用小旗、金星、贴画,甚至物品、奖金等物质奖励,或者采用言语表扬这种精神鼓励。教师以为只有说出来学生才

---

① 来源:山东省高密市恒涛双语实验学校,王晓燕

能感觉得到,于是一味地追求说好,结果导致教师普遍说好。然而,教师可能没有想到的是,给学生拥抱也是对学生的精神鼓励,它其实是一种肢体语言,对学生的触动能够直抵人心。

从医学上看,皮肤是人体最大的器官,除了具有众所周知的调节体温、呼吸、排泄的作用之外,还有接受刺激、表达情绪、与外界保持接触和联系等作用。在人的一片5分硬币大小的皮肤上,就有25米长的神经纤维和1000多个神经末梢。专家把皮肤称作“脑的延伸”,这是因为皮肤和大脑是同一胚胎组织产生的,具有亲密的关系。医学家们发现,皮肤不仅向外界展示人体内器官的生理状况,而且还反映出个体心理反应的状况。从某种意义上说,皮肤就是人心灵书写的窗口。在我们身上,有一种饥饿,它天生存在而又鲜为人知:不管你吃了多少食物,也不会感到满足。这种饥饿,就是人们对抚摸的要求。确切地说,它是一种“皮肤饥饿”。所以,我们在孩子忧伤、高兴、遭到批评或得到表扬时,都可以通过身体接触的方式表达我们对他肯定、否定、安慰等情感和态度。

相互拥抱具有更好的交流效果,虽然它没有说出来,但拥抱在一起的双方都心领神会。一位女性说,她可以凭着一个拥抱,断定她与一个人之间是否存在着默契的爱。当她想确认一份感情时,往往会以一个拥抱作为试探工具。确实,身体是情感敏锐的载体,它天生具备传情达意的功能,并且要比语言更为直接,更有感觉,接近内心的真相。如果教师想知道学生是否喜欢自己,不妨用拥抱试探学生的反应,如果学生不愿意或者很勉强,那么说明学生对教师的接纳和认同还欠缺;反过来,如果教师想让学生知道自己对他的喜欢,也可以通过拥抱学生这种方式来表达。

案例

“我也是这样抱我女儿的”[①]

一天中午我正巡查老教学楼,发现一群女生围坐在楼前草坪上那张石桌旁,一边吃东西一边叽叽喳喳地说笑。我走过去,正要提醒她们注意卫生,一个女生突然

---

① 来源:湖南省长沙县职业中专学校,达文

对我说："老师,你好有气质哦,你的笑容真美,为什么不教我们呢?"一瞬间我没反应过来。我定了定神,笑笑,对说话的女生说:"谢谢! 来,抱抱。"我夸张地伸出手抱住那女生,在她耳边说:"我也是这样抱我女儿的。"旁边的女生眼红了,纷纷说:"我也要抱抱。"于是一个个抱过去,瞬间,欢喜和快乐弥漫了晚秋的校园,也在师生间传递。

那天余下的时光在感谢和甜蜜中度过。我知道自己并不漂亮,可在学生眼里,灿烂的笑容、和蔼的态度会使老师变得美丽。我的拥抱不仅表达了对学生的感谢,更拉近了师生之间的距离,消除了师生间的陌生感。

拥抱,可以成为师生之间表情达意的常用方式。在现实教育中,教师应该放下身段,多抱抱学生。我曾经问过一些教师在什么情况下拥抱学生,一位教师说"在外出郊游拍照时抱过学生",一位教师说"一些平时很调皮的学生,毕业后总记着老师,回来总喜欢和老师拥抱,可能是讨回过去失去的关爱吧"。江苏省淮安市纪家楼小学的一名老师说:"有一名学生父母离异,住在姑妈家,孩子很郁闷,成绩很受影响,我和她谈心,她说到伤心处,我和她抱头痛哭。这孩子后来成绩很稳定,初中经常回来看望我……"

我们或许还不知道,拥抱可以治疗孤独症。英国埃萨克斯的一个设计师设计了一款神奇的抗拒孤独的背心,这款名叫"Squease"的背心乍看上去跟普通的背心没什么两样,但是,它附带一个手压泵。身穿此背心的人只要用手来回按几次手压泵,就能为背心充气。背心充完气后,身穿此背心的人就获得了"被拥抱"的感觉,从而能在一定程度上缓解孤独感。

2009 年 10 月 4 日,诺贝尔基金会评选 1979 年诺贝尔和平奖得主特蕾莎修女(又译特里萨修女)为诺贝尔奖百余年历史上最受尊崇的 3 位获奖者之一。特蕾莎修女把一件珍贵的礼物送给了很多穷人,那礼物的名字就叫"拥抱"——她真情地拥抱流浪者、贫苦者、溃烂者、濒死者。她用实际行动消灭着人间的"孤独"。

其实,除了拥抱这种肢体接触的方式,简单一些,牵手也是一种很好的情感交流方式。彼此接纳的人,身体之间存在着某种和谐的电波,在手与手触碰的瞬间,会有一种强大柔软、舒适温暖的电流通遍全身。所以,教师不妨在课间多牵牵学生的手,当然在牵手的过程中如果挠一下学生的手心,那痒痒的感觉会让学生心里感觉暖暖的。

案 例

牵牵孩子的手[1]

今年是我当妈妈后第一次教一年级,也许是因为有了自己的孩子,对教育中的一些小事也有了不同的感受。

轩是个活泼的女孩,一天到晚总是叽叽喳喳的,像只快乐的小鸟,什么话、什么事都找老师说。记得开学不久的一个周末,我在南岸公园遇见了她,她牵着妈妈的手向我飞奔过来,拉住我的手,叽叽喳喳地向妈妈介绍开了:"妈妈,这是我的语文老师,她很漂亮,她姓诸葛,就是诸葛亮的诸葛……"清脆的童音满含喜悦,笑容写在脸上。看着神采飞扬的她,我心里暖暖的,多像我的孩子呀! 好久,她就那么紧紧拉着我的手,说着笑着。她妈妈不好意思地说:"这孩子,就这样黏人!""不,我喜欢,她很可爱!"我笑着说,不由得紧紧握着她的手,心里写满幸福。

一个会大胆表达自己感受的孩子是多么快乐呀! 记得我们小时候,常常是见到老师就躲起来,或者低头小声问好,但其实心里是多么渴望老师摸摸自己、牵牵自己的手,就像轩这样开心地牵着我的手,多像牵着妈妈的手。我想以后我要常常牵牵孩子的手。

那次,我被一个调皮孩子气得不知道说什么,猛地一把抓住他的手,想拉到我身边来狠狠地批评一顿。可在我抓住那只小手的一刹那,心中却一震,那手软软的、黏糊糊的,好脏啊。立刻,我改变了主意,牵着他的手去洗手间,把那肉乎乎的小手洗干净了,再牵着他走回办公室。他就那样任我牵着,既不说话也不扭捏。此刻,他很安静,我也没有了怒气,静静地看着他。他抬起头,眼里闪着泪光,说:"老师,我错了。"我笑了。第二天,他乖了很多,上课时居然举手回答问题了。我庆幸,

---

[1] 来源:福建省宁德师范学院附属小学,诸葛育敏

庆幸自己牵住了他的小手。

　　每天放学要送路队,我告诉自己,每天牵住一个孩子的手,共同走一段路。只要我坚持,一定会有收获。

　　又如教师与学生谈心时,特别是在进行思想教育时,教师首先应该做到与学生并排坐在一起,这要比让学生站着或坐在对面,更容易让学生感到平等,避免面对面的尴尬。然后教师在谈话过程中不妨把学生的一只小手放在自己的双手之中,轻轻地、柔柔地抚摸,这样传递出的爱的能量同样会温暖学生的心灵,更容易同学生沟通思想感情,教育效果会更好。

　　如果说有一种拥抱叫"温暖",那么还有一种拥抱叫"帮助"。曾经在《中国广告》上看到一篇题为《可口可乐"友谊贩卖机"》的文章,让我知道了"拥抱"的另一种变式是"抱抱"。

　　　2011年5月25日,可口可乐在世界7个国家投放了"友谊机",在友谊机上,只需一瓶可乐的钱就可以买到两瓶可乐,但是这个机器高达3.5米,消费者在购买时,至少需要有一个人被抱起来才能拿到可乐。

　　　　人们有兴趣愿意围绕这个机器去分享一个东西,如有人说自己是骑在男朋友的脖子上拿到的可乐,也有人会说,我是骑在部门领导的脖子上拿到的可乐,这变成一个大家分享快乐友谊的幸福时光。

　　　　如果可口可乐公司采取打折促销买一赠一的方式,人们马上会怀疑可乐的价格形象。但是在这个友谊的概念之下,两人合力拿到可乐,分享可乐,人们不认为可乐是在降价,而是在为增进友谊助力。

　　把别人抱起来拿到可乐,不仅别人可乐,自己也一并可乐。在教育教学中,当学生够不着的时候,教师不妨把学生抱起来助他一臂之力,当学生不会写的时候,教师不妨把学生抱起来写字,当学生不理解的时候,教师不妨把学生抱起来指导……这样的一抱,不仅可以帮助学生完成任务,而且可以增进师生之间的感情。

　　既然抱抱有这么多的好处,那么在现实教育中,为什么教师很少抱抱学生呢?原因可能在于师生关系不是母子关系。在教师的心目中,学生不是自己的孩子,所以不会像母亲那样情不自禁、本能地拥抱学生。也就是说,问题的症结可能更多地在于教师太在意自己的"身份"和太在乎自己同学生之间的关系。

亲子关系,孩子依恋父母,父母疼爱孩子,其相互之间的吸引力是没有高下和强弱之分的。虽然在孩子成长的不同阶段,吸引力的内容、力量的强度会有不同的变化,但只要是良好的亲子关系,始终会维持一种力量均衡的状态。良好的师生关系也应该如此,而理想的师生关系则不会刻意地刻画"关系"。所以,有人说,教育的目的是修复失衡的关系,此言甚是。在一篇题为《孩子眼中的爱》的文章中写了这样一件事——

> 有一天去一所学校采访,给学生讲了一个故事:有个粮食仓库里有许多老鼠,村民用烟熏老鼠。许多老鼠都从大门跑掉了,但有两只老鼠,一只拼命往墙角跑,一只拼命把它往大门方向拉。村民仔细观察后发现,那只朝墙角跑的老鼠双目失明,另一只老鼠是在救它失明的同类。
>
> 大家有些感动,纷纷猜测它们是什么关系。有人说是夫妻关系,有人说是兄弟关系,有人说是恋人关系,也有人说是母子关系,莫衷一是。这时,一个孩子说了一句话,让所有人都怔住了。
>
> "为什么一定要有关系呢?"孩子问道。

是啊,"为什么一定要有关系呢",我们的教师就是太看重"关系",所以放不下身段与学生"亲密接触"。而那些能够与学生拥抱、能够抱抱学生的教师,可能已经不在乎师生之间的"关系",而在乎的是师生之间的"关心"。或者说,此时的"关系"就是"关心"。

教师要做到不被"关系"所束缚,首先要把学生看成孩子,知道作为孩子的学生依然存在着需要长辈拥抱的心理愿望,然后要把学生看成自己的孩子,一旦这样想,教师就会毫不犹豫地去拥抱自己的学生。

当师生之间的感情已经成为一种亲情,此时师生之间属于什么关系已经没有关系了,涌动在师生之间的将是一种浓浓的关爱。在没有顾忌、没有猜忌的温馨和温暖中,"亲其师,信其道"将真正成为可能。此时,已经不再需要规章制度来规定和制约,转而会依托师生之间的亲情来调节自己的行为和调解彼此的矛盾。这样亦师亦友,甚至被自己的学生称为"老师妈妈"的新型师生关系,将不再会关住学生想与教师真诚交流的心扉和系住学生想与教师真心交往的心愿。在此情景下,学生可能会与自己的老师说说心里话、诉诉烦恼事,学生也可能会向自己的老师取笑甚至取闹、撒娇甚至撒气,已经超越了长幼关系和上下关系的师生交流和师生交往,其乐融融。唯此,"让老师抱一抱自己"将不再是学生的奢望,而将成为教师关爱学生的自然和自觉。

12 引用可以给学习的知识换上"新装"

曾经在杂志上看到一篇题为《李时珍用中药名写情书》的文章——

> 有一年,李时珍外出寻访名师,在外面生活了五个月。在这期间,李时珍夫人给他写了一封别致的中药情书:"槟榔一去,已过半夏,岂不当归耶?谁使君子,效寄生草缠绕它枝,令故园芍药花无主矣。妾仰观天南星,下视忍冬藤,盼不见白芷书,茹不尽黄连苦!古诗云:豆蔻不消心上恨,丁香空结雨中愁。奈何!奈何!"
>
> 李时珍立刻回信:"红娘子一别,桂枝香已凋谢矣!几思菊花茂盛,欲归紫菀。奈常山路远,滑石难行,姑待从容耳!卿勿使急性子,骂我曰苍耳子。明春红花开时,吾与马勃、杜仲结伴返乡。"

用中药名代替平常使用的语言,读来不禁让人感觉新鲜。的确,用其他领域的语言或名称来代言,可以吸引人的注意,读来别有一番风味。顺此想起作家张小娴曾经用数学来阐释爱情:"如果爱是 1,不爱是 0,则:1×1=1 就是相爱;0×0=0 就是不爱;1×0=0,单方面的爱情不会有结果;若两个人只各爱一半:0.5×0.5=0.25,爱的成分变得比原来的一半还少。世界那么大,爱上一个人那么容易,被爱也那么容易,但互相爱,竟这么难。"这种对"爱情"的分析方法让我们感到生动形象、通俗易懂。由此可见,用其他领域的知识来解说或解释本领域的知识,有时可以达到妙趣横生的效果。

一、知识可以做到文理相通

在知识领域中,文学属于形象思维,数学属于逻辑思维,尽管二者属于两个不同的思维范畴,但一些撰联高手却能巧妙地将二者合二为一,用"数学"来说"语文",读后让人叫好——

(一)

上联:四万里皇图,伊古以来,从无一朝一统四万里。

下联:五十年圣寿,自今而后,尚有九千九百五十年。

据传,此联乃清朝大臣纪晓岚为庆贺乾隆五十大寿所撰。纪晓岚在这副对联中,上联从地域广阔、伊古未有的皇家版图着眼,盛赞乾隆的业绩;下联从乾隆五十岁寿辰下笔,且按皇上的尊称"万岁"来推算,祝愿已有"五十年圣寿"的乾隆尚有寿数九千九百五十年。这副对联自然赢得了乾隆的欢心。纪晓岚题写此联,突破以往引经据典的常用模式,巧借加减法,恭贺"万岁"寿辰,看似简单直白,平铺直叙,实乃构思奇巧。

(二)

上联:花甲一周,尚余半百岁月。

下联:古稀双度,犹欠三十春秋。

据传,这是唐宋八大家之一的苏东坡为金山寺好友佛印法师题写的一副寿联。上联中的"花甲"指 60 岁,下联中的"古稀"为 70 岁。此联分别蕴藏两算式:上联为 $60+50=110$;下联为 $70\times2-30=110$。苏东坡借此联祝贺佛印法师一百一十岁寿辰,可谓匠心独具。

(三)

上联:四物散,四逆散,四磨散,四四一六六一散。

下联:三多斋,三元斋,三吉斋,三三如九九如斋。

"九如斋"食品店早年在长沙颇负盛名。该店创建之前,街上已有三吉斋、三元斋、三多斋等店铺,所做的糕点各具特色。然而,这些食品店后来却竞争不过九如斋,以致门庭冷落。下联弦外之音是说,前面三家店铺加起来也不如九如斋。联中前三家店铺名仅一字之差,从而形成了一个"三"和"斋"字叠用的语境;其次,联中嵌有乘法口诀"三三得九",这在一般的对联中实属少见;第三,在"三三如九"之后又紧接"九如斋"这一名词,从而又形成了"如九九如"这一词序颠倒回返的文字格局。上联用了四服中药名,前三服中药同样只有一字之差,中间也嵌有乘法口诀"四四一六",最后也出现了"一六六一"的文字格局。

案例

隐身在语文中的数学美[①]

我非常喜欢上数学课,哪怕是解奥数题,我也觉得比上其他课有意思。因为我不爱背书、担心默写,所以就有那么点儿偏科。直到我有了新的发现,才恍然大悟。

语文和数学看似风马牛不相及,会有着奇妙的联系吗?学文科毕业的爸爸告诉我:文学是以感觉经验的形式传达人类理性思维的成果,而数学是以理性思维的形式描述人类的感觉经验,殊途而同归。我一知半解,他就耐心地以我学过的语文课本里的知识启发我。我将信将疑地把1~5年级学过的语文书、语文辅导资料内容按照下面的要求一一归类,还真有惊喜的发现:语文课本里隐含着数学美!

1. 成语中的数学

读数字猜成语谜语:12345609(七零八落);1+2+3(接二连三);333555(三五成群);9寸+1寸=1尺(得寸进尺)。

一刀两断、三心二意、四分五裂、五颜六色、七上八下、九牛二虎、十拿九稳。每个成语中的两个数字都是互为质数。

在成语中,还可以找到百分数的身影:十拿九稳表示90%;百里挑一表示1%;百发百中表示100%;九死一生表示死的可能性是90%,生的可能性是10%。

2. 诗歌里的数学

数学是一种抽象思维活动,可是数学知识也可以走进诗歌,能情趣盎然。如"一去二三里,烟村四五家,楼台六七座,八九十枝花。"宋代诗人邵康的这首描写乡间景象的诗歌,有一半是用数字写出来的,文学美表现在数字的和谐排列之中。

还有这样一首小诗:一片两片三四片,五片六片七八片,九片十片十一片,飞入草丛都不见。瞧,平淡无味的数字,也能很美。

把数字写入诗歌能起到对比效果,如"朝辞白帝彩云间,千里江陵一日还","千里"表示白帝城到江陵路途遥远,"一日"说明时间很短,两者对比,又写出了船的迅速,同时也透露出诗人喜悦兴奋之情。古诗里常用一些数字构成含义深刻、发人深

---

① 来源:作文网,http://www.zww.cn/zuowen/html/165/590540.htm

思的名句。如"欲穷千里目,更上一层楼",告诫我们努力攀登。

苏东坡曾给一幅《百鸟归巢图》题了这样一首诗:"归来一只复一只,三四五六七八只。凤凰何少鸟何多,啄尽人间千万名。"这也暗含了一道数学题:"一百只鸟"在哪里呢?把诗中出现的数字写成一行,然后在这些数字之间加上适当的运算符号,就会发现:$1+1+3×4+5×6+7×8=100$。噢,这就是苏轼的那一百只鸟!

我还找到了明代大数学家程大位的一道诗歌形式的数学应用题,叫"百羊问题"。诗歌是这样写的:"甲赶羊群逐草茂,乙拽一羊随其后,戏问甲及一百否?甲云所说无差谬,所得这般一群凑,再添半群小半群,得你一只来方凑,玄机奥妙谁猜透?"意思是:一个牧羊人赶着一群羊去寻找青草茂盛的地方。有一个牵着一只羊的人从后面跟来,并问牧羊人:"你的这群羊有 100 只吗?"牧羊人说:"如果我再有这样一群羊,加上这群羊的一半又 $\frac{1}{4}$ 群,连同你这一只羊,就刚好满 100 只。"谁能用巧妙的方法求出这群羊有多少只?这道题的解是:$(100-1)÷(1+1+\frac{1}{2}+\frac{1}{4})=36$ 只。

这些事例告诉我,数学就在我们的生活中、学习中。语文课本中隐含数学道理,数学有像语文那样的艺术美,只要细心发现,善于动脑,就会从中体会到数字的妙趣横生。喜欢数学的同时,也爱上语文吧!

用数学来说语文,能够让人感到眼前一亮、心中一动,原因在于我们现在的课程设置是文理分开的,平常它们不相往来,偶然的"联姻"就能让学生感到知识的新鲜和新奇,其实在知识之中,文理是不分家的。在教学中,我们不妨把上述材料作为课外知识让学生阅读,还原知识的本来面目,开阔学生的学习视野。

当然,我们也可以用语文来说数学。例如,有人对着"0~9"这几个数字也能生发出一番文学的感叹:

"1"是一个擎天柱,是正直,是不屈不挠的骨气。于是,我们有了"人生自古谁无死,留取丹心照汗青"的凛然正气;有了"我自横刀向天笑,去留肝胆两昆仑"的英勇无畏;有了"有心杀贼,无力回天,死得其所,快哉快哉"的英雄气概。

"2"是一只美丽的天鹅,是无可挑剔的美。于是,我们有了"一枝红杏出墙来"的点点渲染;有了"知否,知否,应是绿肥红瘦"的雨后海棠;有了"花褪残红青杏小,燕子飞时,绿水人家绕"的田园景色……

"3"是一只耳朵,是聆听。聆听着无限忧伤,聆听忧伤的倾诉。于是,我们有了"寻寻觅觅,冷冷清清,凄凄惨惨凄凄"的悲凉无奈;有了"十年生死两茫茫,不思量,自难忘"的伤感情愁;有了"过尽千帆皆不是,斜晖脉脉水悠悠,肠断白蘋洲"的失望悲切……

"4"是快刀,是豪放。于是,我们有了"会挽雕弓如满月,西北望,射天狼"的豪情壮志;有了"安得广厦千万间,大庇天下寒士俱欢颜"的豪迈胸襟;有了"数风流人物,还看今朝"的豪言壮语……

"5"是奔跑,是活力展现。于是,我们有了"两个黄鹂鸣翠柳,一行白鹭上青天"的生机勃勃;有了"几处早莺争暖树,谁家新燕啄春泥"的春意浓浓;有了"一水护田将绿绕,两山排闼送春来"的静景与动态……

……

"8"是两颗紧紧相连的心,是深情厚谊。于是,我们有了"桃花潭水深千尺,不及汪伦送我情"的深厚友情;有了"此去经年,应是良辰美景虚设。便纵有千种风情,更与何人说"的离愁别绪;便有了"海内存知己,天涯若比邻"的情意浓浓……

"9"是气球,是自由,是旷达。于是,我们有了"安能摧眉折腰事权贵,使我不得开心颜"的不媚权势;有了"不戚戚于贫贱,不汲汲于富贵"的不慕荣利;有了"采菊东篱下,悠然见南山"的自适自乐……

用语文来说道数学,让那一个个孤零零的数字有了形象、有了血肉、有了灵魂、有了思想,这样的"文理相通",学生以后再看到这几个数字时,就会有一种诗情画意的感觉,脑中自然会浮现出这样一些诗句。这样的诗情画意同样可以用于数学课,如一位教师在教学"因数和倍数"时,就引用成语来帮助学生理解知识和记忆知识——

👍 案 例

"有始有终"与"有始无终"

师: 如果用"有始有终"来形容一个数的因数的特点,你觉得"始"指的是什么?"终"呢?

生："始"就是1,"终"是这个数本身。

师：可以怎么形容一个数倍数的特点呢?

生：有始无终。

师：这个"始"是指什么?

生：这个数本身。

师：那你现在对于因数和倍数,有了哪些新的认识?

……

上述教学案例中,找一个数的倍数、归纳发现找倍数的方法学生并不存在多大困难,而对"一个数最大因数和最小倍数都是它本身"的理解有着一定难度。教师加强了一个数因数、倍数特点的综合性联系比较,借助"有始有终""有始无终"形象词汇中"始""终"的具体指向,帮助学生明晰了"本身"的要义。同理,我们在比较"线段""射线"和"直线"知识时,也可以把"线段"与"有始有终"、"射线"与"有始无终"、"直线"与"无始无终"这些成语挂钩,从而实现数学与语文的相通,实现"画意"与"话意"的相通,以后学生再看到这些成语时,脑中自然会联想出线段、射线和直线这些图画来。

二、知识可以做到图文并茂

另外,人的思想情感有时可以不说出来,但可以画出来。例如,斯里兰卡乌纳瓦图纳市一所小学的学生将他们遭遇的海啸的印象用绘画表达出来。这些孩子中有很多在海啸中失去了家庭或同伴。有些孩子从没画过画,但是这些稚拙的画却有力地震撼着人们的心灵。看他们的画,其效果一点也不亚于倾听他们的话。

曾经在杂志上看到这样一篇报道——

（小黑走进了咖啡店，想喝一杯咖啡。他交了钱，然后端着一杯咖啡，找了一个座位。坐下开始慢慢地喝起来。）这是小黑先生的故事，如果只看图，你大概会以为这是天书。

重庆著名艺术家、现任中央美术学院副院长徐冰在创作《天书》系列作品之后，又推出了相对应的《地书》系列。

徐冰发现机场的标识和各航空公司说明书的设计都以识图为主，用最低限的文字来说清楚一件比较复杂的事情，传达给来自各个地区的乘客。他又看到口香糖包装纸上的三个小图：一个嘴唇和一个小红点；小红点放在纸中间；包着小红点的纸团投向一个纸篓。于是，他产生了一个念头：既然三幅小图就可以表述一个完整的小故事，我能不能用标识和符号来讲一个长故事呢？

徐冰搜集数学、化学、物理、乐图、舞谱、商标等各个领域的符号，尝试用符号来写作，于是便有了小黑先生的故事。有一次，徐冰在飞机上校对《地书》的书稿，坐在后面的一名男子把书稿拿给他 12 岁的女儿看，小女孩马上就看懂了，这就是符号的魅力。

用图画的形式，不仅可以表达思想，不仅可以表示故事，而且可以表示知识。有时画出来的知识要比说出来的知识显得更加漂亮、更有意蕴。如数学解析式知识枯燥艰深，许多学生感到头疼，而北京大学数学学院学生会极具创意地举办了一个"最美解析式大赛"，结果这些数学解析式画出来的图（如下图）让我们感到惊叹：一串复杂的运算，它的解析式居然是一团规则而美丽的毛线，还有松球、蜗牛、吹泡泡、七叶草、旋涡……如果再文艺一点，我们不妨给一些图画取名《驿动的心》《隐形的翅膀》……

总之，如果去掉 x 轴和 y 轴，这其中很多作品根本就是和数学不搭边的美术作品。创作者解释

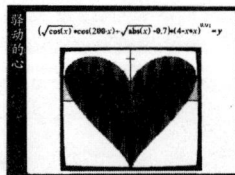

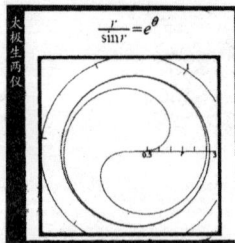

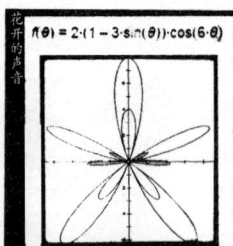

了其中的做法:"这些都用到了三角函数。其实也没什么,自己想个奇特的函数,用Matlab(一种商业数学软件)画出来,然后看看像什么,最后不断修改函数的系数,达到自己想要的图形。"有人感慨:"我怎么没想到数学可以这样画成图画呢?""谁说学理科的不浪漫啊?这分明是比纯美术还要浪漫的艺术!""这个比赛真是寓教于乐。""如果大学数学老师这样授课,咱微积分什么的一定学得特好。"……

把知识画出来,不仅可以帮助我们发现知识的美丽,还可以帮助我们理解知识的含义,有时用语言表达听不明白的事情,用图画表示却能让人一下子看明白。如美国犹他大学的助理教授 Matt Might 就用一组图来解释"博士"到底是什么意思。他说,每年都有新生的入学教育,但是有些观点用语言说不清楚,不如画图。

1. 假设人类所有的知识就是一个圆,那么圆的内部代表已知,圆的外部代表未知。

2. 读完小学,你有了一些最基本的知识。

3. 读完中学,你的知识又多了一点。

4. 读完本科,你不仅有了更多的知识,而且还有了一个专业方向。

5. 读完硕士,你在专业上又前进了一大步。

6. 进入博士生阶段,你大量阅读文献,接触到本专业的最前沿。

7. 你选择边界上的一个点,也就是一个非常专门的问题,作为自己的主攻方向。

8. 你在这个点上苦苦思索,也许需要好几年。

9. 终于有一天,你突破了这个点。

10. 你把人类的知识向前推进了一步,这时你就成为博士了。

11. 现在你就是最前沿,其他人都在你身后。

12. 但是,不要陶醉在这个点上,不要把整张图的样子忘了。继续努力向前推进吧!

如果说"博士"的意义是抽象的,那么"博士"的图画却是形象的。学生更接受后一种表示方法。把知识画出来,不仅让学生知道了知识的意思,而且还让学生觉得这样的接受方式很有意思。在教学中,当学生面对数式、算式、公式"想"不出、"想"不通、"想"不好的时候,我们不妨采用数形结合的思想,通过画图的方法,来避免生硬的说教与推理,让学生能够"看"明白知识的含义。

案 例

数轴图的学问①

出示问题:近似数 1.50 末尾的"0"能去掉吗? 为什么?

生:不能去掉,1.50 的计数单位是 0.01,1.5 的计数单位是 0.1,它们的计数单位不同。

师:说得真好。但是,1.50 去掉"0"后不还等于 1.5 吗?

学生沉默。

师:一个两位小数,保留一位小数为 1.5,这个数最大可能是几? 最小又是几呢?

生:近似数为 1.5,也就是精确到十分位,我们只看百分位。它四舍五入后变成 1.5,那么它最大是 1.54,最小应该是 1.45。

师:一个三位小数,保留一位小数为 1.5,这个数最大是几? 最小又是几呢?

生:这个三位小数最大应该是 1.549。因为这个三位小数精确到十分位,我们只看百分位,百分位上最大是 4,千分位上最大是 9,所以是 1.549。

教师画出一个数轴,学生在数轴上找到 1.549。

师:那最小是几呢?

生:保留一位小数,我们只看小数点后面第二位,第二位上最小是 5 才可以向前进"1",千分位上最小是 1,所以是 1.451。

生:千分位上最小应该是 0,这个三位数最小应该是 1.450。

---

① 来源:江苏省南通市城西小学,史厚勇

师：到底是 1.451 还是 1.450 呢？

生：我觉得应该是 1.450。因为 1.450 也是一个三位小数，而且是最小的。

师：你们同意吗？谁来帮老师找到 1.450 的点？

学生在数轴上找到点后，教师标上 1.450。

师：同学们，现在能在数轴上指出这个三位小数的取值范围吗？

学生指出取值范围后，教师用括线标出（下图）。

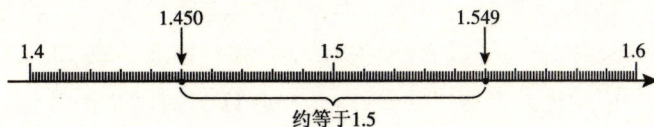

约等于1.5

师：还有一个三位数小数，保留两位小数为 1.50，这个三位小数最大是多少？
最小是多少？

生：这个三位小数最大是 1.504，最小是 1.495。

师：你能在数轴上找出这两个点吗？

学生指出点，教师标上数据。

师：你能在数轴上找出这个三位数的取值范围吗？

学生指出取值范围后，教师用括线标出（下图）。

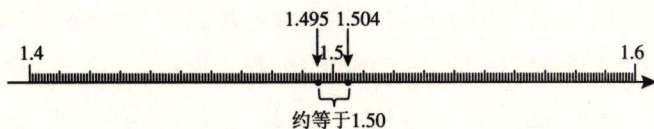

约等于1.50

师：同学们，看到这两幅图，你有什么想说的？

生：我发现约等于 1.5 时的取值范围比约等于 1.50 时的取值范围大很多。

师：那么，近似数 1.50 末尾的"0"能去掉吗？

生：不能，去掉后，它的取值范围就变大了。

师：取值范围越小，说明这个近似数怎么样？

生：取值范围越小，说明这个近似数越精确。

师：同样一个三位小数，保留一位小数，它的取值范围在 1.450～1.549 之间；
保留两位小数，它的取值范围在 1.495～1.504 之间。同学们，我们观察一
下这两幅图，你有什么发现？

生：保留的位数越多，近似数就越精确。

又如我们在教学"质数和合数"知识时,质数和合数概念比较抽象,学生也不明白这样分类的理由。此时,我们不妨采用画点子图,学生一眼就能看出质数和合数的区别。我们也可以改成让学生操作的方法,分别用 2 个、3 个、4 个、6 个、7 个、11 个、12 个小正方形拼长方形,看看拼出的结果怎样。通过比较学生会发现:用 2 个、3 个、7 个或 11 个小正方形拼长方形,只有一种拼法;用 4 个、6 个或 12 个小正方形拼长方形,可以有两种或两种以上的拼法。由此让学生思考:为什么用 2 个、3 个、7 个或 11 个小正方形拼长方形只有一种拼法,而用 4 个、6 个或 12 个小正方形拼长方形可以有两种或两种以上的拼法? (2、3、7 或 11 只有两个因数,而 4、6 或 12 都有三个或三个以上的因数)这样学生对知识的理解就能更透彻,更接近本质。

再如我们在教学"正比例和反比例"知识时,正比例和反比例意义也比较抽象,此时,我们不妨采用画箭头图,学生一眼就能看出正比例和反比例的关系。

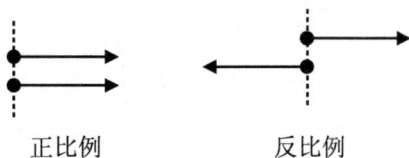

正比例   反比例

我们在让学生使用简便方法计算"$\frac{1}{2}+\frac{1}{4}+\frac{1}{8}+\frac{1}{16}$"时,采用画图的方法(如右图),就能让学生茅塞顿开,一眼就看出解决问题的方法。

由此可见,画图可以让学生一目了然地看见知识、看到方法、看透问题。此外,如果画出来的图画别出心裁,那么也足以让人感到耳目一新。如有人画出了阿拉伯数字的起源,让我们不得不惊叹其中的奥妙和巧合,也不得不佩服作者的奇思妙想。当我们看了这样的作品,对数字就可能又有了新的"看"法。

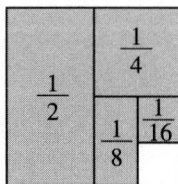

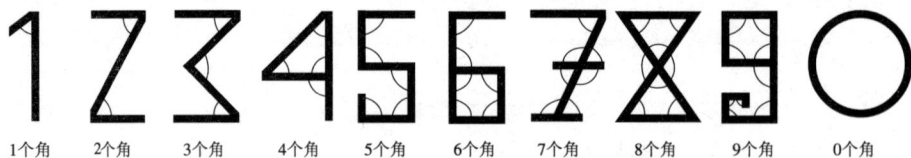

1个角 2个角 3个角 4个角 5个角 6个角 7个角 8个角 9个角 0个角

变一变,天地宽。只要我们善于改变知识的呈现方式和展现形态,就有可能给知识穿上"新装",让学生的学习不仅变得省心,而且变得开心。

B

教师"没料想""没真想""没深想"

"没想到"竟有这样的效果

01 教师的低姿态能换来学生的好势头

在教师的意识中，自己的阅历比学生丰富，学历比学生高，所以，教师应该成为学生学习的榜样。于是，榜样的光环无形中给教师戴上了枷锁，认为自己什么都应该比学生行、比学生强。首先自己不能犯错，认为没有教师犯错误，只有学生犯错误；其次自己不能无能，认为没有教师向学生求教，只有学生向教师求教，否则怎样体现教师的高明和师道尊严？

其实，教师许多场合下的"低调"，常常能够换来学生的"高调"，使其以主人翁的姿态积极参与到班级管理和知识学习中。所以，高明的教师是不会让自己一直高高在上的，而会经常降低姿态与学生打交道。

一、低下身来向学生问计

案例

"问计"于孩子①

那天吃过晚饭后，濮存昕问女儿濮方："我早晨有几次睡过了头，慌里慌张出门，还险些迟到了。你说我该怎么办才好呢？"由于那些日子每天濮存昕工作到非常晚，早晨总想多睡一会儿。

———————————

① 来源：《意林原创版·讲述》2011年第11期，作者：奇清

对于丈夫要女儿给他拿主意，妻子宛萍暗暗觉得好笑："女儿才 7 岁，你这个大老爷们儿的事儿自己不去解决，倒问起小孩子来了！"其实，濮存昕是要一箭双雕。

原来，刚上小学的女儿有赖床的习惯，每天早晨都要妈妈催几次才起床。起床后还揉着眼睛直喊困，穿衣、洗脸都磨磨蹭蹭。为此，濮方多次迟到，没少受老师的批评。妈妈说了许多次，女儿一直不改，她拿女儿也没辙了。

一天，宛萍对濮存昕说："看来女儿得父亲来管。"濮存昕接受任务后，刚好他也出现了几次早晨"赖床"的情况，于是灵机一动，也就有了他"问计"于女儿这一件事。

虽说父女俩都有了同样的问题，但女儿发现爸爸是在正儿八经地问自己，也就认真思索了起来。一会儿，女儿似乎有了主意，说："爸爸，今天我学到了一个谜语。"说着，她背诵了起来："小小一个铁公鸡，两只耳朵两条腿；不喝汤来不吃饭，每天按时叫我醒。"

濮存昕一听，高兴地说："女儿说的是闹钟。好极了，今天我就去超市买一个闹钟回来。"濮存昕停顿了一会儿，似乎想起了什么："不过，咱们来一个约定，今后凡是闹钟一响咱们就赶紧起床，再不要你妈妈叫。"说着，他还和女儿拉钩。这一招还真管用，自从买了闹钟后，濮方再没有迟到过。

在教育教学中，我们要达成好的效果，其中重要的做法就是让学生参与进来。而像上述案例中那样，"问计"于孩子是一种很好的教育策略，可以让孩子在受尊重中激发参与的积极性。

例如，李镇西的班级管理也采用了"问计"于学生这种策略。他的班级公约不是教师自己制定的，而是让学生自己制定的，教师只是低下身来向学生问计"怎样可以共同建设好我们的班集体"，学生当家做主，向教师出谋划策，制定出需要师生共同遵守的班级公约。此后，教师在依据公约处理事情时，学生面对自己制定的公约，还会反对教师的秉公办事吗？这种让学生自己管理自己的做法，其本质是权力教育演变为能力教育，班级管理模式的变迁是从"人治"到"自治"的改变。师生的约法三章是师生之间民主协商的结果，因而班级管理的"自治"的意义不仅在于秩序的建立，更在于民主精神的启蒙。

又如，教师在布置作业时有时会感到左右为难，特别是抄写类作业的布置，数量多了，一些学生不乐意，数量少了，教师自己又不放心。其实，关于抄写数量的多少，我们也不妨问计于学生,"如果让你们自定抄写的遍数,那么怎样可以保证作业的效果呢"。此时学生就会思考并许诺"我们虽然抄得少但保证记得住",并积极为你建议"通过默写来检测",之后教师提出"如果默不出或者默写错,你们愿意抄写20遍吗",此时学生也会甘愿受罚。因为学生一旦自己作出了选择,就必须为自己的行为和后果负责,所以尽管教师进行了惩罚,甚至惩罚得比较厉害,他们也会心甘情愿。

在知识教学中,教师更应该经常向学生问计,小到解决问题的方法,大到教学方式的选择,都可以了解学生的想法和征求学生的意见,这是尊崇以学生为主体的教师所必须具有的低姿态。

如一位教师教学中,在自认为需要合作讨论的地方并没有一相情愿地要求学生开展合作讨论,而是先问计学生"现在你们要不要讨论"。如果学生有需要,教师就组织学生合作讨论;如果学生不需要,教师就取消合作讨论,让学生直接回答;如果一部分学生需要另一部分学生不需要,教师就让有需要的学生组成小组进行合作讨论,不需要的学生可以等候回答,也可以友情参与讨论。

二、低下身来向学生示弱

在教学中,常常存在一种"此长彼消"的现象,教师表现强势了,学生只能表现弱势。反之,如果我们要让学生表现强势,那么教师就必须表现出弱势,用自己的低姿态教学换来学生的高姿态学习。就像下面案例中那样,当教师采用强制手段教育学生行不通时,教师的软弱反而会唤起学生的感动和改变。

案例

眼泪胜过千言万语[①]

记得在补习班任教时,曾教过这样一名学生,他桀骜不驯,不服管教。他母亲带他来学校时,怒其不争而流泪,说他聪明,却不用功,白白浪费了人生,希望老师能好好地教导他。

---

① 来源:http://www.ledu365.com/a/rensheng/23882.html

他在教室里,不言不语;上课即来,下课即走;不回答问题,不做功课,却也不吵闹。一遇测验,交了白卷就走人,相当"洒脱"。

有一天,他又交了白卷就想离去。我怒不可遏,留下了他。学生都回去后,我与他单独在教室交谈,我说尽了好话,劝他要懂得体谅父母的苦心,他仍默默垂首,不辩不争,毫无回应。这时候,我忍不住哭了出来。他见我流泪,便掏出一张纸巾递给我。一抬头,我看到他眼眶也已泛红,此时的教育也一切尽在不言中。

在课堂上教师也可以适当示弱。对某些需要让学生发挥主体作用的知识教学,教师可以故意装作不知道或不明白,让学生来教你。学生教老师的过程就相当于自己教自己和自己教同学。

当然,此法不能经常使用,否则学生就可能会怀疑老师怎么总是不会。一旦学生发现你在装糊涂,他们也可能会有一种被欺骗的感觉。对此,教师与其说"谁会教教老师",还不如说"谁会说说自己的想法",这样中性的语言可能会少给学生一些教师装腔作势的感觉。

三、低下身来向学生学习

在学生眼里,教师是长辈,是知识比学生富有的富人,是水平比学生高的高人,是能力比学生强的强人,这些都是让学生敬佩的教师形象。

然而,在信息化时代,学生获取知识的渠道比较多,有些知识可能是教师没有接触到的,有些知识可能已经超出了教师的储备。当学生说出了教师不知道的知识时,我们的教师就应该报以虚心的态度,首先勇于承认自己的不足,然后虚心接受学生的信息传送,对自己原有的知识库及时补充。曾经在《青年文摘》上看到一篇鲁先圣写的题为《老师不懂时》的文章——

> 在学校里,当自己遇到不懂的问题时,向老师提问,很少有人想到老师也有可能回答不上来。因为在学生的心目中,老师几乎是全能的,无所不知。
>
> 当学生的问题自己真的不知道时,也许有的老师会因为虚荣而搪塞过去。因为老师可是担当着"授业解惑"的重任呀。
>
> 可是,我却遇到过明确承认自己"有所不知"的老师。那是我上小学

五年级的时候,我在一堂语文课上遇到了一个问题。我写一篇作文,想到了辍学这个词,但是却不会写。我问老师,辍学的"辍"字怎么写。老师略一迟疑,他说,这个字他也不会,他接着问全班同学谁会写这个字。

有一个女同学回答自己会写这个字。老师很高兴地让她到讲台前的黑板上写出来。她写出来以后,老师又让这名同学带领全班同学读了很多遍。

老师对全体同学说:我们应该感谢鲁先圣同学,他让大家认识了这个字,同时也让我弥补了自己的知识缺陷。

我当时是多么的自豪啊。我记得很清楚,在回家的路上,自己像生出了翅膀,赶快回家,把这个事情告诉父母。

这个字我彻底记住了,我相信全班同学也彻底记住了。

此外,当学生说出了教师没想到的方法时,教师应该为学生的奇思妙想甚至异想天开拍手叫好,不必为师不如弟子而感到羞愧难当,而一味遮掩自己的"不足",相反,那种一味遮掩自己缺陷的做法恰恰是放大自己无知的行为。

很多教师在学优生面前常常会自觉降低姿态,虚心向他们学习,因为他们在很多情况下比教师能干。其实,一些学差生也会有一些值得教师学习的地方。这需要每一位教师低下身来,去挖掘,去发现,让闪光点在学生身上得到放大。

四、低下身来向学生认错

教师不是圣人,不可能不犯错。有时教师只看行为的表面,不问原因地错怪学生,只看解答的表面,不明就里地错评学生;又如在教学过程中教师也时常会说错话、写错字、做错题,此时教师不应该遮掩自己的错误,为自己的说错、想错和做错寻找借口推脱,而应该坦诚地低头向学生认错并及时改错,对此学生是会谅解的。教师不必担心犯错会降低自己在学生心目中的形象,学生大多思想单纯,心地善良,对教师的不小心犯错不会那么小心眼地揪住不放。相反,教师的犯错反而会让学生感到教师的真实,他们会真切地觉得教师也是一个与我们一样的人,从而更容易接纳教师,由此教师也就更容易走近学生身边,走进学生心里。

从另一角度看,教师的犯错也是一种良好的教育资源,可以巧妙利用,让学生意识到一个人犯错并不可怕,可怕的是不肯改正错误和重复犯相同的低级错误。

另外,教师的犯错也是一种良好的教学资源,教师首先应该不忌讳自己的出错,其次应该不禁止学生指出自己的错误,反而应该鼓励学生为自己纠错,学生为了能够及时发现教师的错误,就会产生两种良好的行为倾向:一是会专心致志地捕捉教师出现的错误;二是会将教师出现的错误引以为戒。有些教师在教学过程中,会在知识的一些衔接点、关键点、混淆点之处故意犯错,以此强调知识点的存在和强化学生的记忆。

不过,教师的故意犯错同样应该注意一个"度",不能让学生看出自己的"故意",否则也可能让学生有被愚弄的感觉。

02 敢于说"不"的学生更有思想和主见

如果要问教师喜欢怎样的学生，许多教师会告诉你他们喜欢听话的孩子。相对而言，女生大多听教师的话，这也是教师普遍喜欢女生的原因。另外一个原因是，女生更能忍受，所以更有忍耐。而男生，特别是一些调皮的男生，时不时地违背教师的指令，甚至顶撞教师的要求，让教师很伤脑筋。

那么，那些不说"不"的学生，是不是真的诚服呢？事实未必如此。不敢说"不"的学生，一种是胆子比较小的学生，不敢与教师公开较劲；另一种是很在乎自己在教师眼中形象的学生，不想让教师感到自己的差劲。而那些敢于说"不"的学生，一种是思想"顽劣"的学生，性格比较叛逆，行为比较怪异，不喜欢被教师压迫；另一种是性格"顽固"的学生，独立意识和主体意识比较强，不喜欢被教师摆布。

我们都说"学生是学习的主人"，这一理念的含义就应该包括"学生有说'不'的权利"，否则这样的教育理念是不完整的。相应地，教师尊重学生，也就要尊重学生的反对权和拒绝权，让学生敢于说"不"。

一、允许学生对教师的结论说"不"

美国哈佛大学著名教授、美国科学院院士、美国艺术与科学学院院士 David A. Weitz 做客四川大学，正式受聘为该校特聘教授。以后，他将不定期来成都，把在哈佛开设的《科学和烹饪》课带到川大课堂，目的是引导学生主动思考，学会向教授发问，甚至质疑教授的结论。但上课时，David 发现，中国学生有一个通病——"总是要花很长时间才能让他们学会去质疑教授"。而这种质疑精神在 David 看来，却恰恰是创新的源泉。

在 2010 年 5 月于南京举行的中外大学校长论坛上,"营造创新人才成长环境"成为热门话题。香港中文大学校长刘遵义表示,在中国、日本、韩国等东亚国家,尊师重教是个悠久传统,学生尊重权威,课堂上对教授观点不敢有异议,100％相信老师。他认为,受文化差异的影响,中国大学培养创新人才比西方更困难。"如果一个学生从幼儿园到小学到中学,都不敢质疑老师,你怎么能指望他到大学能质疑老师,挑战权威?"

古人云:"疑是思之始,学之端。""于不疑处有疑,方是进矣。"爱因斯坦说:"提出一个问题比解决一个问题更重要。"如果没有深入的思考,潜心的研究,是很难发现问题的。孔子对那些学习不能发现疑问、提出疑问的人感到无可奈何,他强调为学要能"多闻阙疑""多见阙殆",也就是说要有存疑精神。在实际教学中,我发现一些学生常常是"无疑可问",这与他们不深入思考是紧密相关的。因为疑问的产生是和深思熟虑相联系的,能思则能疑,思得越深,提出的问题就会越尖锐,相反,不思则无所谓疑。善不善于发现疑惑也能检查学生学习是否认真思考和善不善于思考。

有了疑问,并不说明思维已达到终点,相反,意味着思维获得新的起点。这就要求学生在学习过程中提出疑问以后还要进一步思考,要主动释疑,只有如此,学生才能获得新知。而在教学中我也发现一些学生常常是"疑而不问"。有的是怕批评,有的是怕嘲笑,不敢问,有的是不积极、不重视、不屑问。韩愈在《师说》一文中说:"人非圣贤,孰能无惑?惑而不从师,其为惑矣,终不解矣。"有疑而不问,思维的链条就会断裂,获得新知的途径也会被切断。因此,教师应鼓励学生大胆质疑,释疑,解惑。

孟子说:"尽信书,不如无书。"因此,在学习过程中,通过质疑,能使人们摆脱书本的束缚,发现前人认识上的不足,能提出自己独到的见解,而不人云亦云,随波逐流,尤其是科技迅猛发展的今天,鼓励学生大胆质疑,对于培养学生的创新意识,培养创新型人才尤其重要。因循守旧,墨守成规是永远无法超越前人的,不敢质疑,不善质疑是难以深造自得,独树一帜的。曾经在侯文咏撰写的《不乖:比标准答案更重要的事》一书中看到这样几段文字——

如果我一直很乖

小时候上作文课时,老师要我们读故事写心得。故事的内容是抗日战争期间女童军送国旗给死守上海四行仓库的国军。

照说,这个关于荣誉、爱国、奋不顾身的故事,心得一点儿也不难写。不过那时我故意唱反调,写了一篇"吐槽"的心得。文章具体的文字我已经记不太清楚了,大意是:

一、如果不能打胜仗,送国旗也没用;如果能打胜仗,国旗过几天再挂也没关系。

二、如果打了败仗还挂国旗,老百姓会误以为打了胜仗,会错过逃亡的黄金时机。

三、国土失掉了还可收复,但女童军命没了就无可挽回,因此还是命比较重要……

我还写了不少理由,总之,主题就是大唱反调。可以想象后果——我被老师约谈了。

老师问我:"老师平时对你好不好?"我说:"好。""如果你觉得好的话,听老师的话,别人怎么写,你就怎么写。"老师停了一下,又说,"大家会怎么写,你知道吧?"我点点头。"为什么?""你相信老师,这是为你好,你听话才有前途。""哦。"我相信了老师。从此我的文章分成了两个截然不同的世界。一种是公开的、"听话"的文章,像是作文课的作文、比赛的作文、考试的作文、贴在墙报上的作文。另一种是偷偷摸摸的、"不听话"的文章,像是传小纸条的文章、写情书的文章、投稿的文章——

在教学中,我们应该鼓励学生善于发现教师所持结论中的局限,并能勇敢地对教师的说法说"不",说出自己的看法。新课程提倡的课堂是一个民主、开放、充满人文关怀的课堂。在课堂中,教师要让学生自由地思考、真实地流露。在学生的小脑袋中,总有着大人觉得不可思议的"奇思妙想"。课堂中他们别出心裁的想法,违反常规的解答,标新立异的构思,往往会令教师措手不及。其实这些"花絮"反映了学生的探究心理和创造性思维,如果教师在课堂上善于引导,充分发掘其中的有价值的东西,那么这些"花絮"就能转化为课堂的"亮点",从而促成课堂的精彩生成。

案例

"老师,我有不同的看法"①

教学"两位数退位减法"时,其中的一个练习是让学生用竖式计算:80－63、47－39、91－76、54－45、98－58、78－70。学生计算完毕,交流时我请学生观察,说一说计算时有什么发现。马上就有学生举手说,前面4题是退位减法,后面2题是不退位减法。我非常满意,正打算继续教学时,又看见另一个学生的手高高举了起来,我很困惑:前面的学生不是已经说得很好了吗?难道他还有什么问题不懂吗?于是就请他回答。没想到他说:"老师,我有不同的看法。我认为比较特殊的应该是'54－45'这一题。"我感到奇怪,追问:"为什么?""这题的两个两位数交换了位置。"又有学生插嘴说:"它们的差是9。"我马上意识到这是让学生发现此类题目计算规律的好时机。于是,我暂时放弃了下面的教学环节,反问学生:"那么是不是所有的个位和十位交换位置的两位数相减都是9呢?"学生通过举例很快发现只有相差1的两个数组成的两位数减两位数的算式得数是9。顿时,课堂里一片沸腾,每个学生为自己的这个发现而兴奋不已。

在教学中,我们还应该鼓励学生善于发现教师所持结论中的错误,并能勇敢地对教师的说法说"不",说出正确的答案。数年前王楠子是上海某中学一个"标准的差生",他的父亲不得已只好把他送往美国继续求学。没想到,到了美国的王楠子再未受过教师的批评。一次他像在国内一样当众纠正了美国教师的一个错误,意外的是教师当场就说:"你真是个天才。""太受鼓励了!"王楠子感叹。几年后的王楠子脱胎换骨,不仅在费城艺术学院读书期间屡获奖学金,并取得了全美动画比赛个人组冠军。

① 来源:江苏省无锡市东北塘实验小学,王锡芳

案例

"老师,您错了"①

我在教学判断题"整数的末尾添上两个零,这个数就扩大 100 倍"时,得出的结论是:这句话是对的。谁知下课后,一名学生在路上拦住我说:"老师,'整数的末尾添上两个零,这个数就扩大 100 倍'这句话是错的。因为零扩大 100 倍还是零。"听完他的话,我感到脸有些发烧:"我怎么这么粗心呢,考虑问题这么不全面。"思想了片刻,我对这个学生说:"你分析得非常正确,谢谢你帮助老师纠正了一个错误,下节数学课上你把自己的想法告诉大家,好吗?"第二天的数学课上,我对全班学生作了检讨,并郑重地表扬了那名学生,鼓励大家向他学习。这一举动看起来非常小,但它带来的效应却非常大,在后来的数学课上,只要有不同的意见,学生就敢于随时提出来讨论解决。

二、允许学生对教师的命令说"不"

教师在提出要求后,对说"不"的学生常常不能接受。下面一则发表在《人民教育》2012 年第 9 期的案例中,当一名好学生突然不肯回答问题时,教师的第一反应是感到学生的不正常,因为在教师的常规思维中,会回答而不回答属于思想有问题,这样的学生就不是"好学生"。

案例

当期待遭遇冷落时②

周一上午在高一(3)班上"对数的运算性质"一课。这个班是艺术班,数学底子

---

① 来源:http://club1.fxl2011.teacher.com.cn/topic.aspx? topicid=1371461
② 来源:河南省扶沟县教师进修学校,呼宝珍

差些,但这堂课不难,十五六岁的学生也已有了较强的理解和表达能力,因此,教学开始时进行得还算顺畅。

"请同学们从三个公式中选择其中一个加以证明,一会儿我找同学来做。"同学们按照我的要求开始尝试,第一个"积的对数公式",一名学生在黑板上很顺利地给出了证明。第二个公式,我找了一个各科成绩都不错的女生来阐述自己的思路,可不知为什么,今天的她却干脆地说:"我不会!"

我说:"不会没关系。我引领,你证明,我们共同把这个公式推导出来,相信你一定会完成得很好!"

说完这些话,我微笑着等待那个女孩,女孩只是怔怔地站在那里,紧闭嘴巴,拒绝回答我的任何问题,把更多的尴尬留给了站在讲台上的我。一直以来,我都津津乐道这个挺优秀的学生,她的各门功课成绩都挺好的,虽然她并不钟情于数学,但数学课堂中的多数时间,她都能积极思索,从未有过今天的状态!

作为数学老师,我曾自信地以为,我有能力改变学生对数学的态度,让那些害怕数学、不喜欢数学的学生也能爱上数学。所以课堂上的我,对于那些说上一句"不会"就想坐下的学生,从来没有"放弃"过。我总是要通过我的引导、启发,让他们从"不会"变成"会"。并且确认他们已经完全"会"后,才让其坐下。可今天,这个女孩令我的百般努力都成徒然,我怎么说,她都只是紧闭着嘴巴,一言不发。无奈之中我只好自嘲地笑笑:"你冷落了我的期待……"并让她坐下,女孩坐下便不再抬头。

因为女孩的拒答、冷漠,我的心情一下子变得很糟糕。接下来的教学,不知为什么,我把自己的注意力几乎都转移到了她的身上,我心里总在想:"今天她为什么拒绝回答我的问题?是心情不好,还是对我这个数学老师有意见?是什么原因让她排斥今天的教学?"最终我失掉了教学自信,没了底气,学生们也受到了我的影响,课堂气氛被破坏了,这堂课上得十分失败。

课后,一个学生对我说:"老师,看得出您的情绪受到了影响,后面教学是乱的,这不是您的风格!"我心中很清楚:今天我感受到了自己教学的漏洞,因为我的教学注意力几乎都被这个女孩打乱了!

下午,我找女孩交流,试图探求女孩拒答的真正原因。我努力地表达着我的真诚关心,可女孩的态度让我更加心寒,她只是淡淡地说:"我今天心情不好,所以不想回答您的任何问题，我有选择不回答的权利！"

女孩的话让我陷入了沉思。

在课堂教学中，许多教师不喜欢沉默的气氛，也不喜欢沉默的学生，认为沉默是教学效果不好的外在表现，不沉默才是教学效果好的外在表现。其实这种观点是错误的，正常的学生学习，很多时间需要的是一种"静悄悄的革命"。美国教育家帕克·帕尔默在《教学勇气》中说道："在真正的教育中，沉默是作为一种学生需要内心世界工作时值得信赖的母体，是适合更深层次学习的一种媒介。"学生的沉默有时代表思考，有时代表会意、休整，而有时却代表否定、对抗，不管学生的沉默属于哪一种性质，教师都不必大惊小怪，而应该正确看待学生对沉默的选择。

在教学中，教师常常只注意学生的发言权，认为只要是学生，就应该责无旁贷地积极发言，因此我们的教师经常鼓励学生举手发言。如果有些学生不敢或不愿举手，我们的教师也会这样告诉他们："不举手的同学我也要叫的哦"。显然，教师这样的命令可以促使那些胆小的学生不得不时刻"应战"，也可以促使那些偷懒的学生不得不时刻"迎战"，但我们教师也应该注意，一些学生不举手并非都是因为胆小或偷懒，而是的确不能够回答或者暂时不愿意回答。对此，教师应该尊重这些学生的沉默权，允许他们保持沉默，而不应该"横眉冷对千夫指"，非要逼迫他们说出一些东西来。曾经看过这样一则笑话——

法律课上，王老师问："谁能回答一下，我国公民的基本权利都有哪些?"见没人举手，便让李明回答。李明站起来，眨了几下眼睛，没吭声。王老师有些恼火："你课前预习了吗? 课本上说得清清楚楚啊。"

看李明还是低着头不言语，王老师降低了要求："那这样吧，说出一种你作为公民所享有的基本权利，这你总能回答了吧?"

在同学们的哄堂大笑中，李明终于吭声了："我有权保持沉默！"

虽是笑话，但说得却有道理。其实，教师在让学生回答问题前，不妨征求一下他们的意见，如从情感上问一问他们"愿不愿意回答"或者从能力上问一问他们"能不能够回答"，如果他们拒绝或否定，那么教师就不应穷追不舍，让他们感到难堪，而应让学生感到不愿意回答问题、答不出问题或答不对问题都是一件很正常的事情,从而消除这些学生的心理负担。

但如果尊重了学生的沉默权,他们不学习该怎么办? 其实,随着学生们一天天地长大,从小学到高中,他们越来越懂得道理,越来越知道对自己负责,我们不能总把他们当成无知的孩子。我们越是尊重他们,给他们应有的权利,他们对自己的责任感或许也就越强。教师更多地应该是唤起他们对自身的责任感,而不是机械地把自己的期待强加给学生,让学生按自己的意志去做。

或许有些教师对好学生的偶尔拒绝还能容忍,虽然当时感到很没面子,但考虑到以后还是需要他们为自己的教学"配合、撑面子",所以很多时候能顾全大局,忍气吞声。然而,对于一些学习不咋样的学生,如果对你说"不",此时教师可能就不会给面子。

案例

"老师,我还没有做好"

一位教师在巡视学生作业时,走到一名差生旁边,刚想弯下身来看看她的作业,谁料她竟然用手臂遮住了自己的作业。此情此景,教师甚是生气,强行掰开学生的手臂,结果发现这名学生的作业错误比较典型,于是想以此为代表展示给全班评析,谁料再次遭到了这名学生的拒绝——"老师,我还没有做好"。

盛怒之下,教师可管不了那么多,毅然强行将她的作业在投影仪上公示于众。在整个评讲过程中,这名学生始终红着脸、低着头。

差生是人,也是一个正常的人,他们同样需要尊严,甚至尊严感更强,对自己的"落后"更在乎,有时候并不希望让别人知道。而我们教师呢,却常常把差生的差劲当作反面教材,如同上述案例那样,喜欢把差生的错误作为全班学生评论的材料,希望借此帮助这名差生发现自己作业中的问题,并以此提醒其他学生注意学习中容易出现的问题。也许,教师的本意是好的,但是没有考虑到被"曝光"差生的心理,当他们不愿意被公开时,我们就应该果断放弃这种作业的比较,而寻找其他方法替代。所以,教师在展示差生作业前,一定先要征询他们的意见,是否愿意和介意展示给大家评析,不要因此而伤害他们原本就脆弱和敏感的心。

在教学过程中,学生的拒绝与否,除了通过提问学生的心意来获悉之外,教师还可以通过观察学生的神态来洞悉。如果学生原本一直在看着你听讲,平时发言也积极,而当你的眼光停在他身上时,他的眼睛却移向一旁,故意避开你的眼睛,这说明他不想被你点名回答问题。看到这种情形,聪明的教师就会心知肚明,不勉强这名学生回答问题。如果要想了解其中原因,可以课后私下询问。

学生对教师说"不",除了对教师的要求表示拒绝,也许还有一种意思,即对教师的行为表示抗议。

如有一名学生这几天很不正常,总是弄出一些声响来,一会儿把椅子弄得吱吱地响,一会儿又把文具盒弄到地上,让教师和同学感觉很奇怪。事后了解,原来是教师这段时间一直没叫他回答问题,让他感到被冷落,于是就制造一些"事件"来向教师表示自己的不满,提醒教师在提问时不要把他遗忘。

在教学中,教师不仅要充分尊重学生的个体存在,允许他们说不;还要善于洞悉学生的表情和心理活动,真正体会学生的所想、所求。

03 有些教学常规在强迫师生一心两用

2012年高考全国大纲卷的作文题提供了这样一则写作材料——

周末,我从学校回家帮着干农活。今春雨多,道路泥泞,我挑着一担秧苗,在溜滑的田埂上走了没几步,就心跳加速,双腿发抖,担子直晃,只好放下,不知所措地站在那里。

妈妈在田里插秧,看到我的窘态,大声地喊:"孩子,外衣脱了,鞋子脱了,再试试!"我脱了外衣和鞋袜,卷起裤脚,重新挑起担子。

咦,一下子就觉得脚底下稳当了,担子轻了,很快就把秧苗挑到妈妈跟前。妈妈说:"你不是没能力挑这个担子,你是担心摔倒,弄脏衣服,注意力不集中。脱掉外衣和鞋袜,就甩掉了多余的顾虑。"

由上述事例,我们不难感受到一心两用很容易分散人的注意力。顺此带给我们的一个思考是,人是否可以一心两用?在生活中,我们有时候会觉得一心可以两用,你可以边走路边听音乐,你可以边吃饭边看电视……但有时候又会觉得一心不能两用,你不可以边听歌边背英语单词,你不可以边做作业边吃饭……这是什么道理呢?许多人认为,能够完成的一心两用都是运用不同的感官,而不能完成的呢,当然就是使用着相同的器官。我们这里论述的"一心能不能两用"问题主要指的是后者,更精确的说法应该是"一脑能不能两用"问题。

一、平常情况下,人不能一心两用

美国范德比尔特大学神经科学家保罗·杜克斯和心理学家勒内·马鲁瓦在

《神经元》杂志上报告说,当大脑在间隔不到300毫秒的时间里同时处理两件事情时,大脑对于第二件事情的反应就要慢一些。"我们的研究提供了神经学证据——大脑不能有效地同时做两件事。"

然而,在使用相同器官这一点上,有些人仍然觉得自己是能够一心两用的。其实这是人的一种错觉。最近的科学研究揭示了其中的奥秘,为什么许多人感觉能够一心两用,是因为这些人的大脑比较灵活,他们对两件事关注点的转换比较迅速,快得让他们感觉似乎在一心两用。不过,尽管如此,一心两用的最终结果是无法两全其美。克利夫·纳斯教授2010年在斯坦福大学所做的研究又一次证实:即使是特别聪明的年轻人,堪称电子邮件、即时信息传送、实时通信的多重任务处理专家,其工作都不如那些一次只专注于一项工作的普通人精确、有效。

在学习中,孩子一边看电视一边写作业,或一边与别人聊天一边写作业,这样的一心两用事件(这样的两件事情都需要动脑)时常发生。表面上看他们似乎既完成了作业,又看了电视,其实他们要么作业完成得不好,要么电视看得断断续续,因为一心两用是难以做到两全其美的。

每个人的心理活动在一定时间内,只能注意在一定的事物上。当我们在做一件事情时,在大脑皮质的某个区域里就形成一个兴奋中心,围绕这个兴奋中心很容易建立起暂时的神经联系,那么我们所注意的事物就会最完全和清晰地反映出来,而其他身边的事物就处在"注意"的边缘,因而不被看见和听见。由此可见,让学生一心一意地学习是符合科学的做法。

👍案例

"你看到了什么"①

亚历克斯是一所体育学校的射箭教师,从教以来,他培养了许多优秀的射箭人才。很多家长慕名而来,请他教孩子射箭。

这天上午,亚历克斯把学生们带到一棵大树旁进行射箭训练。他把一只玩

---

① 来源:《读者·原创版》2012年第6期,作者:庞启帆

具鸟放在一棵树上，然后对学生们说："孩子们，你们这次的任务就是把这只'鸟'射下来。"

学生们迅速排好了队。

第一位是桑迪。他上前几步，把箭搭在弦上，然后拉开弓，瞄准了树干上的玩具鸟。

"桑迪，你看到鸟的上方有什么？"亚历克斯突然问。

"我看到了蓝天，老师。"桑迪回答。

亚历克斯笑了笑，让桑迪收回弓箭，站到一边。

排在第二位的是凯斯顿，他像桑迪一样走上前。就在他准备把箭射出去的时候，亚历克斯问了他同样的问题。

凯斯顿答道："老师，我看到了树干和树叶。"

亚历克斯一笑，又叫凯斯顿站到了一边。学生们纳闷了："老师今天玩什么花样呢？"

第三位上场的是乔布斯。就在他拉满弓的时候，亚历克斯突然问道："乔布斯，你看到鸟的上方有什么？"

乔布斯凝视着那只玩具鸟，说："报告老师，我只看到那只玩具鸟，别的什么也没看见。"

"好极了！"亚历克斯高兴地说。然后，他大声命令道："放箭！"

乔布斯把箭射了出去，玩具鸟应声而落。

亚历克斯看着恍然大悟的众弟子，严肃地说道："记住，一个弓箭手在射箭的时候，眼里必须只有目标，而没有其他的事物。"

无独有偶，2012年南方科技大学设计的自主招生能力测试中有一道考题是"七分钟内将一至三百全部数字写下来"。南方科技大学校长朱清时称："这道题对一个人的注意力的考查很有效。现在能长时间集中精力的人越来越少了。"托马斯·弗里德曼将此称为"持续的心不在焉"，也就是社会学所述的"三分钟热度文化"。要完成这样"心能在焉"的任务，考验着学生一心不两用的专心致志。

至此我们知道了一心不两用，高度集中注意力才能做好事情，学生的学习更是这样。然而，我们在生活中经常看到有的孩子一边哼着歌曲一边写作业，并且作业的质量不差,这又是怎么回事呢? 其实,这种现象并不是一心两用,因为此时孩子把注意力大都放到他不熟悉的作业上,而哼的歌曲却是他特别熟悉的,也就是说他只是在机械地"无心"地哼着,所以所做的两件事情之间没有太大干扰。上述边走路边听音乐、边吃饭边看电视,也是同样的道理,如果一个人能够专心听音乐,那么他所走的路一定是一条熟悉的路;如果一个人在专心看电视,那么同时进行的吃饭就成为自动化的动作,并且他难以细细品尝饭菜的滋味。

如果你非要同时处理两件都很陌生或者都很重要的事情,此时就很为难你的大脑了,人的大脑同时处理两件或两件以上的事情时的速度比正常低 10 倍左右,除非是在处理撞车之类的应急事件。金庸小说中所谈及的一心两用——左手画圆周、右手画方的功夫不易练成。

当我们明白了人不能一心两用的常识之后,我们就能发现在平常教育教学中存在的一些不合理做法,也能正确对待教育教学中发生的一些不正常的事情。

一是"一心不能两用"理论有助于我们重新认识学生的听记问题。许多教师特别是中学教师,常常会让学生一边听讲解一边记笔记,这是一种很好的学习方法。然而,许多教师在学生记录的时候常常迫不及待地继续讲解新的内容,于是造成学生记的是教师之前说的内容,而又得同时听教师现在说的内容,结果就成了"两件都很陌生但都很重要的事"同时发生。如果教师知道了一心不能两用这一道理后,就不会要求学生同时做"两件都很陌生但都很重要的事",要么让学生听要么让学生记,或者教师的讲与学生的记同步。

同理,许多教师常常会在学生做课堂作业时放一些轻音乐,以为这样可以让学生边听音乐边轻松地做好作业。其实,如果学生在非常投入地做作业,那么他们是"听不见"音乐的;同样,如果学生能听见音乐,并且听得很清楚、很完整,那只能说明他并没有集中精力做作业。曾经有一所学校专门研究过利用背景音乐提高学生作业质量的教学实验,结果失败了,原因就在于学生做作业时一心不能两用,相反,许多学生做作业时真正需要的是安静的环境,以保证他们不会一心两用。

不过,背景音乐对学生作业的影响也不能一概而论,视学生的性格不同而不同。科学研究发现,一心两用还与人的性格有关。有些人喜欢一边听音乐一边工作、学习,一个人性格越外向,在背景音乐中就越能集中注意力,而内向的人则会被音乐扰乱思维。

二是"一心不能两用"理论有助于我们重新认识学生的坐姿问题。许多教师看到学生坐姿不正，常常会误以为学生听课不认真，其实有时坐姿不端正反而是学生学习太认真的表现。因为人不能一心两用，当学生学习太投入时，他们就不能分出一部分精力来注意和保持自己的坐姿，于是身姿就会在不知不觉中"不端正"，此时学生坐姿的"不端正"绝非学习态度的"不端正"，教师要能明辨是非。

另外，科学研究发现，人在极其专心思考的时候，视线会无意识地滑向窗外。切换到课堂，此时学生并不是在边想问题边看风景，看窗外只是学生思考高度投入的无意识状态，所以这并不是一心两用。明白了这一点，教师有时看到学生眼睛不盯着教师或者不盯着黑板，而对着窗外或者移向他处的时候，别总以为学生在开小差，有时反而是学生积极思考的表现。

最后，我想补充一点，如果学生确实属于一心两用的走神，教师也不能简单地视为不专心，因为2012年年初美国和德国研究人员发现，爱做白日梦的人或许头脑更聪明。他们的大脑对信息进行暂时储存和加工的工作记忆能力更强，方能一心两用。在实验中，年龄为18～65岁的志愿者按要求执行一些简单任务，正因为任务简单，所以志愿者容易走神。在随后的测试中，那些报告走神多的志愿者在工作记忆能力测试中得分更高。所以，在教育中，教师如果看到自己的课堂中开始出现一些走神和做白日梦、一心两用的聪明学生，或许是因为自己的教学过于简单，对此不必责备学生不专心听讲，改进的方式可以是增加自己教学的挑战性，重新唤起这些聪明学生的挑战欲望。

三是"一心不能两用"理论有助于我们重新认识教师的出错问题。许多教师都有这样的体会，在教学中经常会说错话、写错字、算错题，被学生指出来时感到很尴尬，觉得很没面子，于是会寻找一些借口搪塞或掩盖自己的出错。其实，教师在教学中出错是很正常的事情，因为教师在教学过程中经常需要一心两用，如一边讲解一边注意下面学生的倾听情况，一边板书一边注意背后学生的观看情况，如此教师说错话、写错字、算错题也就在所难免。知道了"一心不能两用"的道理，教师就不必为自己的"出错"而感到难过，也不必为学生指出自己的"错误"而感到难堪。教师可以将原因告诉学生，学生也是能够明白和体谅的。同理，我们的教育行政部门对教师的教学评价也应该做到宽容教师的出错，不能揪住教师的一点出错而认定教师的教学有问题。

聪明的教师会反过来把自己的无意出错,甚至在一些需要引起学生注意的地方(如知识的关键处、知识的转折处、知识的混淆处)故意犯错,转化为吸引学生高度注意的教学资源,鼓励学生积极搜寻教师的错误。学生在发现和指出教师"错误"时会产生一种兴奋感,因为平时往往是教师发现和指出学生的错误,学生只是承认错误和改正错误。此时,学生发现教师也会"犯错",并且还经常"犯错",他们压抑的情感就会被释放出来,有一种"报复"的快感,这是学生的一种正常心理,教师没有必要对此大惊小怪。相反,聪明的教师会充分利用学生的这种"报复"心理,引导学生密切注意教师的言行,从而更加专心地学习。

为了鼓励学生敢于指出教师的"错误",教师可以给这些勇敢者的平时成绩加分。如此,学生在课堂上时时处处会盯着教师的一言一行,寻找着教师的出错,并能为及时指出错误获得加分而感到兴奋和光荣。

二、非常情况下,人也能一心两用

平常情况下,人是不能一心两用的。但在非常状态下,一心两用也是可以通过强化训练实现的。此时,实际上训练的是一个人大脑的反应速度和应激能力,以及注意力的分配能力,所以,训练一心两用对人的发展有一定的帮助。

2006年,美国行为学家、心理学家和教育专家合作从事的一项关于"人能不能一心两用"的专题研究证实:儿童可以同时把注意力集中在2~3种事情上,而成年人更可以同时把注意力集中在多至4~6种事情上,即便是刚刚学步的1岁婴儿,也可在家长的教导下一边听从家长的指点,一边迈出蹒跚的步子。这就意味着一个人经过训练,"一心"是完全可以"两用"甚至"多用"的。

其实,不少活动或工作本身就需要人同时注意好几个方面,特别是较复杂或较富创造性的活动或工作。如飞机驾驶员在驾驶飞机的同时,需留意地形、气候的变化,并认真观察各种仪表,此外还得随时注意可能出现的意外情况。又如钢琴家在手指击键时,眼看着琴谱,耳听着琴音,大脑则在分析、判断音乐的节奏和轻重。显然,一个不能有效"分配"注意力的人,在从事这类活动或工作时,就会手忙脚乱。值得一提的是,注意力的"分配"和注意力的"集中"一样,也需要后天培养,而在婴幼儿时代对其所做的有意识培养尤为关键。

上述研究专家建议,对不同年龄段的儿童,应由浅入深地进行"一心两用"的训练。如 1 岁前后的婴儿可学习一边听音乐一边听说话,或一边学步一边听歌;2～3 周岁的幼儿可学习一边唱歌一边踏步,或一边唱歌一边用双手挥舞出歌曲的节奏等。

接受过"一心两用"训练的 3 周岁以上的孩子在这方面往往有上佳的表现。此外,随其智力和体力水平的提高,训练的内容可继续丰富,难度也可渐渐提高。家长和教师可根据其兴趣爱好、表现能力和智力、体力的综合水平因材施教,让他们有选择地进而接受诸如边听音乐边准确击出伦巴、探戈等舞曲的复杂节奏,边讲故事边表演魔术,边看电视边背诵诗歌,边背诵英语字母表边以躯体动作做模拟字形表演,边弹琴边唱歌等难度较大的"一心两用"的训练。

除此,我们或许不知道的是,多上网能使人眼观六路耳听八方。美国加州大学洛杉矶分校的一个研究小组进行的科学研究表明,网络可能造成人们分心和注意力不集中,反过来看,这又成为一种优点。因为上网时间多,可以养成一种同时完成两项以上任务的能力。现在的数字土著(网络热词,专指那些一出生就沐浴在网络技术中的人)可以一边做作业,一边上网与同学们聊天,还要一边吃东西。这已经成为数字土著的一种特点,一心可以两用甚至多用。而数字移民(指成年后才上网的人)却难以一心两用,他们只能一心一用。

无独有偶,电子游戏竟然也不仅可以让人更聪明,而且还能很好地训练人的一心几用。美国多所大学的研究人员发现[1],玩电子游戏可以改善人类的大脑功能,不仅可以提升创造力、决策力和认知力,还能够增强外科医生的手眼协调性以及司机的夜间驾驶能力。一项研究显示,在不丧失准确度的情况下,玩动作类电子游戏的人决策速度比其他人快 25%。最熟练的游戏玩家每秒钟最快可以做出 6 次选择并付诸实施,速度是普通人的 4 倍。而熟练的游戏玩家还可以同时关注 6 件事情而不至于混淆,多数人只能同时关注 4 件事情。知道了这些关于上网玩电子游戏的好处,教师和家长对孩子的上网和玩电子游戏就不要总是感到深恶痛绝,而应该积极引导,让他们能够有节制地健康地上网和玩电子游戏。

研究还表明,凡能轻松完成"一心两用"训练的孩子,当反过来需要注意力集中

---

[1] 参考:新浪网,http://tech.sina.com.cn/d/2012-03-06/14086807272.shtml

时,往往坚持的时间较长,此外大脑反应较快,身体各部位动作较协调,记忆力较强,也较富有创造性。

最后想强调的是,虽然人经过训练能够达到"一心两用",但在平常更多的情况下,人是不需要或不能够"一心两用"的,特别对小学生,他们的自制力还不强。另外,有些场合"一心两用"可能会引发副作用,如一边用餐一边讲故事就不宜提倡,因为分心可抑制孩子唾液的分泌从而影响正常消化。教师还需特别提醒那些经常坐不住的"多动"孩子,要是在听课时看连环画或做小动作,那就会"丢了西瓜得了芝麻",最终得不偿失。

04 静静等待并不会让学生的学习"静止"

冶炼厂铝合金熔炼过程中有一道静置程序,要将熔浆放在静置炉里等待一段时间,使材料精炼净化,从而生产出档次更高的产品。烹饪上也有许多环节是需要静置的,譬如蒸蛋羹,在蛋液中加适量盐和温开水搅匀,静置十余分钟再蒸,这样蒸出的蛋羹软如凝脂,细滑爽嫩;拍好的蒜末,静置 10 分钟,再下入欲起锅的炒青菜中,蒜香才更浓;饧面就是静置,为了让面发酵,让面更有韧性,这样做出的面食才更软嫩、筋道;腌肉大多也是要静置的,为的是给肉食腌制入味的时间。

食物的静置,是为了充分的发酵、渗透与融合,从而提升美味。静置就是等待,是积蓄能量,是在爆发前的暂时冷却、酝酿与韬光养晦。犹如人生,犹如爱情,犹如事业,犹如教育。学生的学习,同样需要慢慢品味和漫漫回味的时间。

如今的教育中,急功近利让教师都成了急性子,恨不得让学生废寝忘食地学习才不辜负大好时光,时刻想到的是学生的读书时间、做题时间,恰恰没想到的是学生的反思时间,当然也等不及学生慢慢赶上来的时间。结果,教师的急躁使学生也越来越缺乏做事的耐心,追求学习效果的立竿见影。其实,学生的学习也是需要时间静置的,静心才能经心,让知识得以消化,静心才能精心,让思想得以净化。可以说,此时教师的静静等待也是一种教育方式。

一、不急着"有"的学生会学得更好

刘墉在《肯定自己》书中写出了"人不过街球过街"的人生感悟——

晚上在院子里打球,不小心让球滚下山坡,你一路追、一路拦,眼看球滚过大马路,所幸你没有跟着冲过去,因为一辆车正在夜色中疾

驰而过。你记得当球滚向路边时，我在后面喊什么吗？我喊："让球过街，人不过街。"

小时候，你爷爷就常这样告诫我。每当我碰到球滚过街的情况，心里都会念着那句话，停住脚步，往街两头看清楚了，才过去捡。当然虽说"人不过街"，其实人也过了街，只是没有毫不考虑地冲过去。后来上初中时，有一次离车站不远，突然看见车子，拼命追赶之下，不知怎的摔了一大跤，手掌膝盖全磨得流血，你奶奶责备地说："你爸爸生前不是告诉过你吗？让球过街，人不过街。"于是，那球变成了车子。

三十年来，这句话常在我心里出现。父亲说的"球"，也被代换成护照、手表、钢笔、金钱和最珍视的作品……

当我在窄巷里被抢；当我在桥上写生时作品被吹到了桥边；当我登山时，背包滚向悬崖……许多次，明明只要冲上去，就可以把东西抢回，我却采取冷静保守的态度，像是早年站在街边的孩子，眼看自己心爱的东西滚过去。

刘墉所说的"人不过街球过街"的人生感悟，其实也就是我们常说的"三思而后行"。这种"凡事等一等"的生活态度对人的成长和成才也有影响。最近看到一篇研究报告[①]，据统计，那些在幼儿园里能看到东西不着急吃，而宁愿多等一下，以获得更好食物的幼儿，后来在高中的成绩普遍比较高。因为有耐心的人往往也是有意志的人，最终能成大器的人。在法国，家长在日常生活中非常注重培养孩子的耐心，如他们会给孩子买糖果，但是要求到下午 4 点加餐的时候才能吃，而这有时候需要等上好几个小时。

上述"让外面的诱惑熬过去"的等待，可以让人更好地锻炼自己，除此，还有一种等待是"让自己的灵魂赶上来"，可以让人更好地认识自己。有一个地方的导游带着游客旅游时，过一段时间总要停下来歇一歇，游客不耐烦地问："在等什么呢？"导游说："在等自己的灵魂赶上来。"这句话的意思其实就是只有让自己的身心得到调整和休息，以后的路才能走得更好。

换一种角度看，"在等自己的灵魂赶上来"也可以引申为一个人要学会反思自

---

① 参考:海都网,http://epaper.nhaidu.com/2011—12/30/content—21551.htm

己,总结过去,把握现在,展望未来。善于学习的学生,大多不会急着学下去,也会隔一段时间进行自我反思,等走过的路踏实了,才会继续走下去,这样的学习才是有质量的学习。一些学得好的学生不会拼命赶做许许多多的习题;相反,他们会静下心来把做过的错题逐个记入错题本,在以后的日子里经常拿出来复习,直至不再有新的问题,错题的逐步减少代表着学生水平的逐步提高。

如果把"人不过街球过街"中的"球"比作时间的话,那么尽管时间在不断地滚过去,但知识不过关、认识不过关,我们宁可停下来,等知识巩固和认识牢固后再继续前行才能学得更有质量。

二、不急着"要"的教师会教得更好

曾经在《环球人物》杂志上看到一篇题为《为她多停90秒》的文章——

一次,著名的激励大师塔玛拉·罗葳宴请美国国务卿鲍威尔。塔玛拉的母亲也上前迎接:"国务卿先生,我可以帮您和我女儿拍张合影吗?"鲍威尔点了点头:"当然,我很乐意。"

塔玛拉的母亲手忙脚乱地试探着相机上的各种按钮,却怎么都没找到快门键。时间一秒一秒地过去,塔玛拉见鲍威尔已经在镜头前等了半分多钟,担心会浪费他的宝贵时间,便想走上前去帮助母亲。没想到,鲍威尔一把拉住了她:"不,让你的母亲自己想办法,她一定能行的。"此时,母亲仍低着头琢磨该怎么按键。

鲍威尔和塔玛拉又足足在镜头前站了一分钟,母亲这才找到快门键,急切地按了下去。"您觉得这张照片还满意吗?"鲍威尔友善地问。直到塔玛拉的母亲开心地笑了,他才松开手,对塔玛拉说:"她比我们想象的更能干!"

鲍威尔之所以称得上优秀的领导者,在于他懂得给每个人留足"试的机会",愿意给每个人留够"做的时间"。在教育中,要成为一名优秀教师,首先应该具备等一等学生的耐心,也要为学生留足"试的机会",愿意给学生留够"做的时间"。

等待往往跟宁静连在一起。清人张潮在《幽梦影》中写道:"能闲世人之所忙者,方能忙世人之所闲。"这句话颇有意味,意思是指大家都在忙碌的事情,你能够悠闲地对待它,才会有时间、有心思去满足自己的闲情逸趣。别人忙碌追逐的你不追赶,别人置之不理的你用心去体会,这是一个发现的过程。现在教师的急性子很多情况下是不淡定、盲目比较的结果,看到别的教师都在赶着时间讲课,看到别的班级的学生都在赶着做题,此时你就会坐不住,担心自己落后于别人。如果此时你能静下心来,"闲世人之所忙"的应试教育,那么就会有时间"忙世人之所闲"的素质教育,也许你因此发现教育的真谛,最后的胜利属于你。

静静地等待,才能让人有时间去慢慢发现、发现知识、发现真理,发现美好。于丹说"宁静也是一种生产力",一个人能够平心静气,就能够获得一种智慧的能量,提高生命的质量和效率。曾经看到这样一个故事——

一个木匠带着一帮徒弟干活,擦汗时一挥手,腕上的手表飞了出去,掉在足有半人高的刨花堆里。徒弟们东翻西找,始终没有找到。天色已晚,师傅说:"算了,先去吃晚饭,明天再找吧!"就带着徒弟们离开了木工房。

一个多小时后,师徒们酒足饭饱,回到木工房,见木匠的小儿子坐在门口,拿着手表说:"爸爸,我帮你找到手表了。"

木匠很惊讶:"我们这么多大人,大白天都没有找到,现在黑灯瞎火的,你是如何找到的?"

男孩说:"大家一起找,乱哄哄的。你们走后,我一个人坐在黑暗里,听见手表嘀嗒嘀嗒的声音,顺着声音一摸,就摸到了。"

故事很简单,道理却很深刻。只有等待,让环境静下来,让心境静下来,我们才能有所发现。作家安妮宝贝也说:"人生的一些事有时不需要着急,慢慢地等一等,看它在时间中自行流动的样子,看它如何回归自己的秩序,如何成形。"在我们的教育中,学生对一些知识的发现、理解和掌握有时候并不能一气呵成,例如,有些学生对凑十法计算的优越性不能很快接受,此时教师就不需要着急,可以慢慢地等一等,让这些学生也能够静下心来慢慢体会,随着后继教学计算难度的增加和计算速度的提高,他们最终会发现凑十法的便利和快捷。

案例

等出来的美丽①

教学"千以内数的认识",我拿出提前准备好的 10 捆(100 根一捆)小棒,充满激情地问:"同学们,你将如何很快地数出这 1000 根小棒?"在我精心准备的学具暗示下,大部分学生都乖巧地说:"可以一百一百地数。"那么,让学生在小组内一百一百地数一数准备的小棒,感受一下 1000 里面有 10 个 100,这一教学任务就按计划完成了。可偏偏"怪才"姚远不甘心钻入我的"圈套",大声说:"一根一根地数。"有几名学生立马附和。我压抑着怒火,漠然地看着他,真想大吼一声:"不对。"但……沉思片刻,艰难地咽下"你错了"这句话,我平静地询问全班同学:"在生活中会一根一根数的请举手。"90％的学生左顾右盼后,犹豫地举起了自己的小手。"那么,你们就用自己的方法数一数吧!"

我不无懊恼地想:一切计划都乱了。学生们却欢天喜地地投入了小组活动中。

汇报开始了。"精灵狗"组代表说:"我们是一根一根地数,数到 453 就乱了。最后我们决定每人数一堆,然后把所有的数加起来,一共是 1000 根。"我惊讶地问:"你们怎么加的?""王方带计算器了,我们用计算器计算的。"

"调皮猴"组代表说:"我们一根一根地数不清,然后分工按 10 根一小堆,数出一共 1000 根。我们还知道 100 个 10 根是 1000 根。"

数得最快的"画眉"组代表说:"我们组范百威的妈妈在银行上班,他看见银行阿姨数比较多的钱时,都是一百一百地数,所以,我们直接一百一百地数,有 10 个 100 根是 1000 根。"

孩子们争先恐后地介绍自己数法的优势,在辩论、对比中,同学们很快认识到数较大的数,一百一百地数简便且不容易出错。

上述案例中,学生一张张善辩的小嘴、学生一张张兴奋的小脸,都应该感谢姚远犯的"迟钝",更应该感谢教师的等待,因为有了教师的等待,孩子们才有了浓烈

---

① 来源:河南郑州经济技术开发区朝凤路小学,王慧燕

的参与热情,因为有了教师的等待,孩子们才有了丰富的体验结果。

又如有些孩子对方向和时钟总是认识不清,此时教师高明的做法不是强行灌输,而是把这一知识"静置",慢慢等待孩子的长大,哪怕等上几年,孩子总能够在生活中自己学会。

等待往往跟耐心连在一起。时任人民文学出版社《当代》杂志常务副主编的何启治给陈忠实约稿《白鹿原》,竟然等了20年——

> 1973年隆冬的一天,陈忠实到西安郊区区委开会。散会后,在街道的拐角,被一个陌生人拦住:"我叫何启治,人民文学出版社编辑,在西安组稿。我读过你刊发在《陕西文艺》上的短篇小说,觉得很有潜力,这个短篇小说完全可以进行再加工。所以,我想约你写一部长篇小说。"
>
> 陈忠实一脸惊讶而茫然——他还只是一个业余作者,刚发表第一篇小说《接班以后》,没有任何名气。何况,当时他还在惶惶着能不能写出第二篇、第三篇……根本没有动过写长篇小说的念头。
>
> 何启治鼓励他,说这篇小说已具备扩展为长篇小说的基础,按照他在农村长期工作的生活积累完全可以做成。临分手时,何启治言辞恳切地说,"别急,你慢慢写,我可以慢慢等!"
>
> 在何启治"关心"不"催促"的无压力状态下,陈忠实的长篇小说创作十分顺畅,1992年初,小说《白鹿原》最终成功地画上句号。

在教育中,希望我们的教师也能够对学生说"别急,你慢慢写(慢慢学、慢慢做、慢慢改……),我可以慢慢等!"不仅能够为学生等上三秒,还能够为学生等上三分、三时、三天、三周、三月、三年……甚至更长的时间。

例如,培养学生良好的学习习惯就需要时间的保证,教师必须耐心地等上至少三周,因为21天是心理学家告诉我们的人们改变习惯的一个周期;反之改变学生不好的学习习惯,教师需要耐心等待的时间,就不止三周了,因为改变一个人的习惯要难得多。我们要转化一名思想有问题学生,不能急于求成,要在不断反复中慢慢前进;我们要转化一名学习有困难的学生,也不能急于求成,要在不断重复中慢慢前进。只要我们坚持为学生守候和守护,总能等到他们转变的那一天。

等待往往跟倾听连在一起。正如前面故事中静静地倾听才能听见手表滴答滴答的声音一样,在教育中,教师唯有静静地倾听才能听见孩子花开的声音。然而,很多时候,作为教师的我们并不真正善于倾听。

例如,当学生疑似犯了错误时,许多教师常常等不及他们解释,不分青红皂白就给学生一番数落,就给学生一顿教训,让学生有口难辩。有人说"所谓信任,不是指没有误会,而是总会给对方把误会解释清楚的机会"。要给学生解释清楚的机会,教师就需要学会等待,就需要学会倾听。

又如课堂上当学生说不清、说不全、说不对时,教师会迫不及待地说出答案或者迫不及待地另请高明,希望课堂进度再快些,容量再大些。于是乎,教学的快节奏和大容量使教师等待学生和教师倾听学生成为幻影或成为泡影。

所以,教师能够停下脚步、蹲下身子、竖起耳朵倾听,对学生能够自信地、自主地、自强地学习是一种最好的支持。在这里,有一个关于倾听的小秘密告诉大家:在倾听学生的回答,特别是在倾听学生的请求时,教师要学会用右耳倾听。意大利科学家的研究表明[1],人类右耳更善于倾听,这是由大脑结构决定的。右耳善于倾听被科学家称之为"右耳优势"。因为科学家们相信,如果信息是经由右耳传递给大脑的话,那么这些信息将会由更富于逻辑性和语言处理能力的左脑来处理,左脑更善于解码口头信息。

研究人员在一家嘈杂的晚间俱乐部进行测试,背景音乐是嘈杂的,286名志愿者中72%的人用右耳倾听。在第二个试验中,160名志愿者在听无意义的、低语的声音,研究人员观察他们是用哪一只耳朵在听。结果表明,有58%的人用右耳,有42%的人用左耳。人类在社交活动中有偏边倾向,不只是语言沟通,在情感表达方面也如此。这是因为人类左右脑半球在情感方面的分工也不同,它们分别负责积极与消极的感情和行为。因此,如果对着别人的右耳说话,话语就被传送到大脑中情感更为积极的左脑部分,这也是右耳更善于倾听的原因之一。同时,这也证明了当某个请求是通过右耳来传递的话,得到积极回应的概率就高。所以,为了能够积极地倾听学生并能够积极地回应学生,教师,请你用右耳倾听。其实,"用右耳倾听"与其说是一种教育技巧,还不如说是一种教育理念,只要我们的教师能够真心倾听学生的声音,就不在乎耳朵的左右。

---

[1] 参考:《新民晚报》,2009年7月10日,作者:巧云

教学需要等待。我们都知道"磨刀不误砍柴工"这样的生活道理,在教育教学中,其实也是这样,等待并不会耽误学生的学习,相反,等待会促进和促成学生的学习。如果我们对学生的回答能够等上 3 秒钟,那么就会有利于学生的思考。因为自然界有着一个"3 秒钟节奏"或"3 秒钟定则"。

英国心理学家艾米斯观看了 2008 年北京奥运会的 21 项赛事录像,并对赛后运动员与教练、队友、对手之间的拥抱进行了计时,结果发现,来自 32 个国家的运动员和教练,每次拥抱的时间平均为 3 秒钟。人类行为的"3 秒钟节奏"在生活中十分普遍:两人握手时的摆动、抚摩孩子的亲昵表示、挥手告别,等等,其动作节律要么是 3 秒钟,要么是 3 秒钟的倍数;摄影师拍照片时,为一个画面停留的时间通常接近 3 秒或是其倍数;在田径赛场上,从发出预备令到开始"1,2,3"的时间间隔大约是 3 秒钟;交通信号灯由黄变红有 3 秒钟间歇,这样可使驾车者从容刹车;时间为 3 秒或 3 秒倍数的广告镜头是收视效果最好的;莫扎特、贝多芬的音乐也都遵循 3 秒钟的节奏,所以听起来非常悦耳。美国的心理学家经过对一万多名约会者进行研究后发现[①]:初次见面时,大多数人在 3 秒钟内就作出了是否和对方继续交往的决定,也就是第一印象。不仅如此,我们的许多基本生理活动,如一次深呼吸,以及神经系统的某些功能运行,持续时间也是 3 秒钟。

凡此种种,让心理学家很早就产生一种猜测:3 秒钟间隔也许是人类感知生命的一个基本单位,我们对于"此刻"的感知,大概就倾向于持续 3 秒钟。这个猜测简称为"3 秒钟定则"。

为什么会有这么一个"三秒钟节奏"呢? 这个秘密或许就藏在我们的大脑中。科学家认为,人的大脑对外界事物的感知每隔 3 秒钟要重新调整一次,因为大脑不能对繁杂的外界事物同时作出反应。换句话说,客观事物每次作用于人脑并使之作出反应的时间约为 3 秒钟,不足 3 秒钟容易出现差错。由此可知,教师的候答应该至少等待 3 秒钟,确保学生有一个正常反应的时间和思考的空间。

候答是指教师提出问题后到学生回答前的时间(也称候答时间 I)和学生回答后到教师对回答作出反应之前的时间(也称候答时间Ⅱ)。大量的实验表明,许多教师为了显示教学的效率或课堂教学的紧凑和活跃,不断地进行发问,候答时间通

---

① 参考:《视野》,2012 年第 4 期,作者:浅草

常在1~3秒,有的甚至不足1秒。国外有一项实验证明,教师的候答时间Ⅰ增加至3秒以上,教学效果明显提高,原因在于给学生提供了更多的思考时间,创造了有利于学生思考问题的更为宽松的课堂气氛。当候答时间Ⅱ调整到3秒以上,师生之间的问答性质就会由"质问式"变成"对话式",这种变化有益于学生集中注意力,提高成绩。

从上述教育实验中,我们同样可以发现"3秒钟定则"的存在。候答时间较长(3秒或以上)的情况下,学生将产生出更富有思考的回答,更多的课堂讨论,以及对问题情境更具批判性的分析。学会等待的另外的优点还包括:学生回答问题的长度增加了400%~800%;学生主动且正确回答的数量增加了;学生回答错误或失败的数量减少了;学生的自信心增加了;学生更主动地、自发地提出问题;较差的学生也比以前贡献得更多(增加的范围为1.5%~37%);产生了各种各样的回答——创造性的思维增加了;纪律问题减少了。

在现实教育中,一些教师不仅课上等不及孩子,甚至课外也不放过孩子,习惯于孩子每一分钟都有学习任务,不能容忍孩子有空闲时间去看看云朵、望望高山、闻闻花香、听听鸟叫。教师甚至以为,与其这样"浪费"时间,不如去读课文,去做练习。

有一次中央电视台《面对面》节目,李小萌访问儿童文学作家杨红樱:"你有一个怎么样的童年呢?"杨红樱说:"我小的时候,很自由很快乐。就因为不爱说话,自己才有那么多的时间去想象。我记得读幼儿园时,中午要睡午觉。那时候墙是木板墙,上面有个洞眼儿。我的位置刚好在那个洞眼儿边。我每天吃完饭,很乖的。根本不用老师叫,就自己去睡午觉了。其实我从来没睡着过,老师也不管我。我就趴在洞眼儿那儿看,往上看是几棵向日葵。向日葵跟着太阳走,它会转动。然后往下看是青草地,有好多蚂蚁在那里搬东西。然后看天上的云,看天空。有一次我在一个地方做活动,有个小女孩送给我一个小本子,那个本子是她摘抄我书中描写天空的句子,她说我描写过一百多种天空。"

杨红樱接着说:"我跟现在的老师说,要给孩子成长的空间。也许孩子发呆的时候,正是展开想象力的时候。"此言说得真好,作为教师的我们不仅应该给学生静静思考的时间,而且应该给学生静静发呆的时间,允许学生的沉默,此时,我们不能逼着孩子说、催着孩子做,而应能够看懂孩子沉默的思想。

　　比利时剧作家、诗人、散文家莫里斯·梅特林克说,沉默的性质实则揭示了一个人灵魂的性质。灵魂在静寂中隐藏着,不要出声,你一说,灵魂就不见了。沉默时,我们面对的是深不可测的大海,而表述只能在局部,那是最靠近眼前的一个有光亮的窗口。在喧闹的环境中,嘈杂之声忽略了个人的存在。语言在桌面上流动,但是我们并不知晓内心会怎么想。只有孤独冷静中,灵魂的形状才是完整的,从容不迫的,我们看见并且品味。想着,与自己交谈着,仍是沉默,就像水流着,但是没有喧哗的声响。宁静致远大约就是这种意境吧。声响只在眼前,而沉默将远与近连成了一片。说出来只有一句,不说有多种可能。因为沉默的背后,有无限存在。在此意义上,学生说出来的未必比想出来的多,学生说出来的未必比想出来的好。

　　所以,在教育教学中,请允许学生慢慢地想和静静地想,教师要受得住寂静和等待。可以说,学会沉默也是为人师者的最高境界,此时教师沉默的含义就是能够在学生的沉默中静静等待学生的慢慢成长。

05 张弛有度能够让学生健康地学习

我们许多教师都认为，学生的学习是需要压力的，压力会产生学习的动力。于是，我们看到的教育教学景象是，学生常常置身于一个时时刻刻充满着压力的环境中，紧张地学习着。高容量的教学内容、高难度的教学训练、高频率的教学交流、高标准的教学评价，压得学生喘不过气来，缺少反思、休息、调整甚至发泄的时间。曾有人发牢骚说"终于知道'Homework'为什么是不可数名词了，因为那玩意儿压根就做不完。"作业的压力可想而知，何况学习的压力。

我们应该明白，学生的神经不能一直紧绷着，而应该有张有弛，否则极容易使学生产生学习的焦虑，因为过度的压力可能会改变一个人原有的行为方式和心理感受，此时压力反而会成为学生学习的阻力。

2012年是"泰坦尼克号"沉没100周年，很多人对此次海难的记忆源于电影《泰坦尼克号》。我们可以作进一步思考：假如泰坦尼克号没有沉没，杰克和罗丝的爱情真的能够天长地久吗？心理学家可能会给出否定的答案。从心理学的角度看，《泰坦尼克号》中重要的爱情主题其实是"罗密欧与朱丽叶效应"。在莎士比亚的经典名剧《罗密欧与朱丽叶》中男女主人公相爱，但由于双方世仇，他们的爱情遭到了极力阻挠。可是压迫并没有使他们分手，反而使他们爱得更深，直到殉情。也就是说当爱情关系受到外在力量的干扰时，恋爱双方的情感反而会加强，恋爱关系也因此更加牢固。但研究也发现，当干扰力量消失，双方的婚姻却经常是以悲剧收场。也就是说，假如"泰坦尼克号"没有沉没，罗丝真的在上岸之后和杰克私奔，这对有情人最终也很可能"协议离婚"。

换一个角度说，外在力量的干扰给了当事者一定的压力，而这种压力的产生与消失可以带给当事者不同的思想认识和行为结果。为什么会出现这种现象呢？心理学家认为①，人们都有一种独立自主的需要，谁都不愿意自己是被人控制的傀儡。为了验证"罗密欧与朱丽叶效应"，美国社会心理学家布莱姆做了这样一个实验：让一名被试者面临 A 与 B 两个选择，在低压力条件下，另一个人告诉他"我们选择的是 A"，在高压力条件下另一个人告诉他"我认为我们两个人都应该选择 A"。结果，低压力条件下被试者实际选择 A 的比例为 70％，而在高压力条件下，只有 40％的被试者选择 A。可见，如果选择是自愿的，人们会倾向于增加对所选择对象的喜欢程度，而当选择是被强迫的时候，便会降低对选择对象的好感。曾经在杂志上看到一篇题为《狗和鱼肝油》的文章——

> 有一个人听说喂点儿鱼肝油对狗的健康非常有好处，他决定试一试。于是他每天把自己爱犬的头夹在两腿间，用力地掰开它的嘴，把鱼肝油灌进去。每次那只狗都挣扎不已。
>
> 有一天这个人给狗喂食时，那只狗终于挣脱了主人的束缚，把鱼肝油吐了出来。但让这个人更为惊讶的是，狗把鱼肝油吐到地上后，又回过头来贪婪地舔食起来。原来狗并不讨厌鱼肝油，只是不喜欢主人的喂食方式。

这个事例很好地说明了"当选择是被强迫的时候，便会降低对选择对象的好感"这一个道理。虽然爱永远都不错，但爱也不能强迫。这样强迫的爱，尽管出于施爱者的好心好意，但采用的不是被爱者喜欢的方式，那么只会给被爱者平添不必要的心理压力，爱的效果就会大打折扣甚至走向反面。曾经有人说过这样一段话："懂你的人，会用你所需要的方式去爱你；不懂你的人，会用他所需要的方式去爱你。于是，懂你的人常是事半功倍，他爱得自如，你过得幸福；不懂你的人常是事倍功半，他爱得吃力，你过得辛苦。"是啊，在生活中，懂比爱更难做到。在教育中也是如此，教师如果采用学生不喜欢、不需要的教学方式，那也只会降低学生对教学内容的好感，此时的教学就是一种压迫式的灌输教育，给学生增加不必要的压力。而过度的压力可能会让学生产生思想的过敏反应甚至行为的过激反应，对教师的教育教学产生抵制甚至反抗。因此，学生能够学得轻松，教师才能教得有效，才能教

---

① 来源：《百科知识》，2012 年第 13 期，作者：闫冠男

到学生的心坎里,学生的学习才会取得事半功倍的效果。在学生紧张的学习中,教师应该寻找以及帮助学生寻找减轻学习压力的途径和方法,及时调节好学习情绪和调整好学习状态,这样的教师才是一个懂学生的教师,也才能真正做一个爱学生的教师。

一、安排学生休息时间

2012 年,美国哈佛大学商学院的研究人员弗朗西丝卡·吉诺和杜克大学丹·阿里利通过测试发现,人在松弛的"迷糊"状态下更有创造力。研究人员召集了 428 名大学生志愿者,要求每个人按自己的日常学习工作习惯,把一天划分成效率不同的时间段。随后,在不同的时间段里,让他们做"脑筋急转弯"智力题。结果发现,对多数参与者来说,答题效果最好的时候,并不是平常效率最高的时间段,而是脑子不太清醒、有些犯迷糊的时候,比如早上半睡半醒、晚上昏昏欲睡,或什么也不想做的时候等。研究人员表示,需要灵感时,大脑思维必须更加自由、发散,而迷糊的时候大脑抑制能力最差,思想不受束缚,可以四处"游荡",灵光一闪的可能性也自然增加。

思想的"游荡"其实就是一种无意识的休息,而陌生情景的不断变换就能够让我们的思想"游荡"。我经常记得我在地铁上读过哪些书,我认为这和乘地铁时所处环境有关:车不停地晃动,靠站,窗外的风景也一直在变,可能就是和这些不同的线索结合,能够增强记忆,而在我们的日常生活中,环境都比较熟悉,可能没有这么多的丰富刺激。而这些经历,也得到了心理学实验的支持。心理学家 E. B. 温·奥莫尔发现,阅读后的短暂休息有助于记忆保持,如果人们学习过后,比如学习一串数字,休息组比立即回忆组的成绩要好。当在家里时,看书是一直在进行的,而在地铁上可能会有更多的停顿,看看窗外的风景或者广告,或者是关注下一站要到哪里了,这或许就对应于研究中提到的休息阶段,会有助于记忆。

但上面提到的研究中休息的时间比较短,记忆测试在随后就进行了。如果间隔时间更久,这样的记忆效果也有效吗? 新的研究发现,让参与者读一个小故事,然后休息 10 分钟或者是不休息(在这 10 分钟会玩一个小游戏)。他们发现休息组无论是实验结束的 15 分钟还是 7 天后对故事的回忆均好于不休息组,并且他们 7 天后的回忆成绩和那些不休息的 15 分钟后立即回忆的人成绩是没有差异的。

所以,学生读书的地方未必总在教室中,完全可以"游荡"在校园中,甚至可以"游荡"在公园中。在学生紧张的学习生活中,打个盹、发个呆都是一种很好的休息,讲个故事、说个笑话,甚至看场电影都是一个不错的减压方法。心情烦躁时可以看喜剧片,委屈时可以选悲剧片发泄一下。俄国生理学家巴甫洛夫认为,电影是充满了真知和发现的最好的休息时间。我女儿所在的江苏省天一高中,在学生紧张的学习生活中,晚上也经常为学生放映各种各样的电影。

二、促动学生常开笑口

传统的课堂氛围常常以严肃为主基调,教师绷紧着脸,学生正襟危坐。如今,教师已经意识到教学应该笑对学生,让自己不再面目可憎,以融和师生之间的关系。然而,教师可能还没有意识到自己的教学还应该让学生笑口常开。笑口常开,不仅能够增加学生学习的乐趣,而且可以缓解学生学习的压力。

俗话说:"笑一笑,十年少""一笑解千愁"。现代科学研究表明,笑不仅能使人们增进友好,而且确实有减少压力、缓解疼痛、增加寿命的功效。人们通常认为,基因是永恒不变的,但事实上90%的基因处于休眠状态或没有积极制造蛋白质,这些休眠基因可通过某种形式的刺激唤醒。日本科学家发现,笑是一种有效刺激,它能激发DNA潜在能量,从而达到治愈疾病的目的。①

笑学奠基人之一、美国斯坦福大学教授威廉·弗莱在自己身上做了实验。他定期边抽取血样边观看喜剧片,并对血样进行分析,最后发现笑提高了某些免疫系统细胞的活性,这些细胞能杀伤传染性致病菌。相反,长期处于压力之下的人,荷尔蒙皮质醇水平也会长期居高不下,并抑制免疫系统。现在,快乐科学已成为一门正式学科。

科学家研究还发现,与独处时相比,有他人在场时人会多笑30次。这佐证了笑具有社交属性。可以说,学生的学习活动也是一种特殊的社交活动。首先,我们应该认识到笑在教育中的好处,教师的笑和学生的笑不仅可以活跃身心,还可以活跃气氛;其次,我们应该认识到学生在由许多同学组成的班集体中,笑是正常的,多笑也是正常的,我们应允许学生笑并鼓励学生多笑,不要简单地认定学生的笑(特

---

① 参考:《百科知识》,2012年第13期。

别是无缘无故的笑)就是态度不端正或学习不认真。

要做到让学生笑口常开，教师首先需要自己快乐，曾经在《南方都市报》上看到侯文咏写的一篇题为《先让自己快乐》的文章——

有一阵子，我在医院工作，医院里的标语常常写着：病人第一；爱心第一。医院的管理高层也是动不动就把爱心挂在嘴边。

有一次和一个高层起了争执，他问我："除了医术外，你觉得一个医护人员最重要的是什么？"

我猜他希望我说出来的答案是：爱心。

但我却说："先让自己快乐。"

他问："先让自己快乐？这岂不自私？"

我回答："这一点也不自私。"

在我看来，一个自己不快乐却必须把病人放在第一位置的医护人员，那个"第一"其实是很令人质疑的。因为一旦自己不快乐，在能量不足的情况下，又被强迫必须为病人付出，那么病人能得到的服务品质，恐怕是很缺乏保障的。

反过来说，一个快乐的医护人员，因为心中快乐的气质，会愿意善待别人，让别人分享自己的快乐。因为习惯快乐的人都知道，快乐不但不会因为自己占有别人就会失去，反而因为分享，别人和自己都拥有了更多。

对快乐的人来说，善待自己，让自己快乐起来，意思也就和善待别人，让别人快乐是一样的。

事实上，不止医护人员，不管扮演什么角色——当妈妈、学生、老师也好，不管做什么工作——设计、生产、营销也好，做什么事，要成功，最重要的第一件事，在我看来，都是一样的，都是让自己先快乐起来。当一个人能够为自己找到快乐时，在他周围的人，根本不需诉诸任何道德或理性诉求，很自然地，也可以感受到爱心、快乐，甚至是服务品质。

只有快乐的妈妈，孩子才能没有负担的感受，家庭冲突才能幽默化解；只有快乐的学生，学习才会有效落实；只有快乐的工作人员，才能喜欢客户，客户也才能得到宾至如归的服务啊。

在教育中,我们也经常说"学生第一;爱心第一",看来还得加上"快乐第一"——自己快乐地教书,学生快乐地学习。要做到让学生笑口常开,教师还要学会用幽默风趣的语言和行为组织活动和渲染气氛。例如,新学期开学,一名地理老师面带微笑走上讲台,娓娓道来:"本人李建民,唐朝皇帝李世民大家都知道吧?我与他素不相识,他能当皇帝,而我却不能,可谓一字之差成千古恨,李世民血溅玄武门,杀了自己的亲兄弟,一点天理也不讲,他不讲天理,我也不讲天理,我讲《地理》……"学生在哈哈大笑中一下子就记住了教师的名字、记住了教师的口才、记住了教师的幽默。有人说,要让学生喜欢自己所教的学科,最简单的办法就是让学生喜欢自己这个人。面对一个能让学生开心的教师,学生怎么会不喜欢他和他所教的课?

教学中,在发现学生学习疲倦或学习厌倦时,教师甚至可以停下讲课来插说一个与教学内容无关的笑话,学生笑一笑,情绪得以重新振奋,精神得以重新维持。如此博得学生一笑,似乎打断了教学安排和违反了教学常规,但能产生提醒学生或唤醒学生的好效果,何乐而不为呢?

三、允许学生信手涂鸦

任何一个年代的学生都有在课本上乱涂乱画的爱好。有一年回乡下,翻看我从小学到师范的课本,愕然发现,我居然从小学语文第一册起就开始在插图上乱涂乱画了:《锄禾》插图里的农民伯伯手中的锄头被我改造成了青龙偃月刀,《丁丁和小飞机》插图里的丁丁小朋友被我添上了齐胸的长髯。在低幼阶段,我善于把所有课本插图上的人改造成小人书上的武将,头盔、铠甲、护心镜、刀枪剑戟一应俱全;初中以后插图上的人就开始朝黑社会方向发展,历史书上的朱元璋被加了个独眼龙的眼罩,忽必烈被加上了一脸的刀疤,还很酷地叼着一根雪茄,林则徐披上了《英雄本色》里小马哥的黑风衣,还抱着一挺机关枪……看着这些欢乐的插图,传说中的 yesterday once more 的感觉真的很强烈。

有过童年的人都知道,在课本上涂鸦并不代表对知识或者经典文化的亵渎。涂鸦是一个减压阀,它消解了课堂上那种无形的压力,将心智的欢愉还原到一个和年龄相称的程度。国外有很多人研究课堂涂鸦对少年儿童的心理治疗功能,甚至还有专门的涂鸦治疗诊室,让孩子们可劲儿地涂鸦,只不过国内还没从这方面看待涂鸦而已。

案例

锦上添"画"[1]

开学初的一次作文课,写"我的自画像"。有位同学提出:既然是自画像,可不可以在作文本上配插图?我一听,犹豫了:一则这是课堂作文本,不是草稿本,怎能乱涂乱画?二则这是写作文,不是做美术作业,不能喧宾夺主。但又一想,课本里不是也经常给课文配插图吗?插图不仅没有影响学生阅读,还形象地解读了课文,增添了美感。于是,我鼓励有兴趣的同学可以尝试一下。

第二天,作文本收上来了,我不禁惊呆了:工整的字迹,配上得体的插图,是那样协调、美丽。仔细看那些插图,有用漫画夸张表现的,有用写生细致描摹的,有的干脆粘贴了一幅精美的照片。作文原来如此美丽!我不禁惊叹于学生的创造力。一个小小的创意,激发了学生创新的潜能,给了学生施展才华的空间。

学生除了在课本上涂鸦,还会在作业本、草稿本上涂鸦,甚至在课桌上、厕所里涂鸦,有人把后者称为"课桌文化"和"厕所文化"。另外,信手涂鸦不限于图画,还可以是写话。1852年,屠格涅夫无意间被一个初出茅庐的无名小辈写的小说《童年》所吸引。他几经周折,找到了作者的姑母,表达了他对作者的欣赏与肯定。姑母很快写信给侄儿:"你的第一篇小说引起了很大的轰动,大名鼎鼎的作家屠格涅夫逢人便称赞你'这位青年人如果能继续写下去,前途一定不可限量!'"作者欣喜若狂,他本是因生活苦闷而信笔涂鸦打发心中寂寥的。由于名作家屠格涅夫的欣赏,竟一下子点燃了他心中的火焰,找回了自信和人生的价值,一发不可收地写了下去,最终成为著名的艺术家和思想家,他就是列夫·托尔斯泰。这一事例告诉我们,我们还需要有能够从学生的信手涂鸦中发现有用之物的敏锐眼力和独特眼光。

例如,我们应能够从学生的涂鸦中洞察学生的想法,因为信手涂鸦会表露一个人的内心。当一个人不假思索地在纸上乱涂乱画时,潜意识便不由自主地宣泄出来。俄罗斯人类发展中心研究人员、心理学博士列塔·贝尔科娃认为,人们涂鸦的

---

[1] 来源:《小学教学(语文版)》2007年第7期,作者:刘吉才

题材并不是太多,常见的也就 8 种类型,而且每种都有其隐含的味道:"螺旋线"、"圆圈"、"波纹线"表示忧郁和孤独;"花"、"太阳"表示个性比较脆弱,却有着丰富的想象力;"格子"很可能是自己陷入了一种有些不体面和尴尬的境地;锐角和匀整的椭圆形无休止地交织在一起说明很无聊;"十字"表示很苦恼,或是自责,或是受到对方的责难;非常简单的小人儿表示无助或逃避某种责任;"国际象棋棋盘"表示陷入很不愉快或很为难的境地;"方形"、"三角形"和别的几何图形表示有明确的目的和信念。

据说,俄罗斯总统叶利钦在同下属谈话时爱画一些交叉的直线,这说明他是个性格直爽,固执的人;普希金爱在稿纸页边画些人像,这说明他是个好与人交往、容易相处、易于共事和活泼好动的人;美国总统约翰·肯尼迪通常爱在一小片纸上画一些尖头帆船,这反映了他是个精力充沛、有着自强不息性格的人。

案例

儿童涂鸦画反映孩子情绪[①]

没耳朵的卡通小人、黑色的太阳、画满横线的蟑螂、形象凶恶的妈妈……各式各样的奇怪图案跃然纸上。在 2006 年上海书展上一场解读"儿童涂鸦画心理"活动的咨询现场,不少孩子跃跃欲试,也让家长发现了孩子内心世界的"秘密":笔下人物没耳朵内心抗拒情绪多;太阳涂成黑色内心有压抑情绪……

四、鼓励学生发展兴趣

在生活中,我们都有这样一种亲身体会,做自己喜欢做的事情很少觉得累。例如,一个喜欢打乒乓球的人,哪怕打得昏天黑地,也不会怨天恨地,相反依然兴趣盎然和斗志昂扬。从这一点上讲,发展学生的业余爱好也可以很好地为学生的学习

---

① 来源:http://xwwb. eastday. com/eastday/node29/node168/node13477/userobject1ai159845. html

降压。在学习之余，教师应该动员学生多参加自己爱好的业余活动来松弛紧张的神经。常见的做法是动静搭配、脑体交互，因为体力活动可以让脑力活动得到很好的调整，减轻大脑运动的压力。

曾经看到一种奇怪的新式比赛叫"国际象棋拳击赛"，又称"象棋拳击二合一锦标赛"，是德国一种别开生面的趣味赛事。比赛规则是：先进行一个回合的国际象棋比赛，再进行一个回合的拳击比赛，象棋和拳击交替进行，无论哪个回合分出胜负，比赛即告结束。这种健身又健脑的比赛可以让人的身心不感到特别紧张。

学生理想的学习状态也应该如此。学校中，当看到一些学生在课余时间爱好在运动场上打篮球、踢足球时，许多家长和教师就会担心自己的孩子和自己的学生不会学习，其实这样的学生才是会学习，知道什么时候该运转大脑学习，什么时候该运动身体玩耍，及时休整好自己的身心和调整好自己的状态，玩耍是为了更好地学习，能够以饱满的精神迎接下一阶段的学习。

在生活中，让孩子参加课外或校外兴趣班是众多家长的做法，如果兴趣班的内容真的是孩子感兴趣的，那也是减轻学校学习压力的一种不错选择。哪怕是玩（现实中这样的兴趣班很少，也很少有家长让自己的孩子参加这样的兴趣班），如果孩子有兴趣，也能起到良好的教育效果。曾经看到侯文咏写的一篇题为《迷恋比认真更重要》的文章——

　　我有一个亲戚，送孩子参加一个"科学数理"的课后补习班，希望能够让小孩多学习一些科学数理的知识，以便将来能进入初中的数理资优班。不过，不到一个月他就后悔了，因为这个班的主持人是个老先生，不但几乎全程以闽南语上课（小孩听得似懂非懂），上课也不教公式、演算、推理，整天带着小孩做着类似火山爆发、飞机起飞、苏打粉做菜之类的游戏。这些"不正经"的游戏当然不可能会让小孩数理成绩有太大的进步。不过因为充满玩耍的乐趣，倒颇受小孩的欢迎。

　　这个亲戚本想把孩子转到另一个上课内容扎实、给讲义、要求进度、严格考核成绩的补习班去。可拗不过小孩的苦苦哀求，只好让步。

　　当时，他无奈地告诉我："就当成孩子的课后娱乐吧。"

　　小孩就这样在老先生那里"玩"了三年。不过，这三年却很神奇地发生了几件想象不到的事。

　　首先，小孩学会了说闽南话。这当然拜老先生所赐，让小孩觉得学闽南话是很有趣的一件事。

　　其次，培养了小孩对实验的高度兴趣。小孩从初中到高中，为了进数理资优班，数学、理化一直保持着很好的成绩，原因无他，只因为数理资优班有较多的实验课。

　　不但如此，受到老先生影响，小孩也立志攻读数理组，一心一意想考进好的大学。这一切，都只因为他在小学时，被老先生那种游戏式的教学法开启了对实验的好奇与兴趣。

　　这一切，对亲戚来说，完全是始料未及的。

　　很多人总喜欢把人生的变化当成"物理变化"，认为用力逼自己、逼自己的孩子认真学习就会得到好成就、好成绩。在我看来，人生更像是"化学变化"，"喜欢"与"热情"是促成变化最重要的催化剂，这正是"迷恋"比"认真"更重要的理由。另外，"认真"会让自己或自己的孩子产生压力，而"迷恋"则不会，这就是"迷恋"与"认真"的区别。

06 "亲密有间"可以使师生关系更加美好

美学界有这样一个概念——距离效应,说的是要观察和认识某种事物,有一个最佳的距离。比如看油画,太近了,只看到模糊一片,只有与画面保持适当的距离,才会有最好的视觉效果出来,这叫"距离产生美"。

在教育中,师生交往和师生活动也存在着距离。这个距离是指人与人的远近关系,它以不同的形式存在着,通常情况下,人们将"距离"分为"时间距离"、"空间距离"和"心理距离"三个层面。其中,心理距离是核心层面,空间距离和时间距离是两个并列的外围层面。空间距离和时间距离是心理距离的外在表现,心理距离是空间距离和时间距离的实质和内化。师生之间物理距离和心理距离的远近对师生关系有着微妙的影响,也并非总是越近越好。

一、调整好师生之间的物理距离

说到空间距离首先想到的是学生在教室中的座位。教育中,许多教师一般只以为学生的座位只是学生的座位,也就只是考虑学生的身高来安排学生的座位。其实,学生的座位关联着学生的身份与心情,学生的座位不仅代表着学生的坐位,还代表着学生的地位,影响着学生的作为,高明的教师应让学生的座位成为学生进步的坐标。如对较为外向、好动、不稳定的孩子,座位应距离教师近一点,使他们在教师的"监视"与帮助下得以提高;反之,对胆怯内向的孩子,如果教师属于"强势派",学生的座位应适当距离教师远一点,以免造成不必要的心理压迫感,影响听课效率,如果教师属于"温和派",学生的座位亦可距离教师近一点,置于教师的"翅膀"之下,便于教师关怀。

首先,从学生的座位可以看出教师对学生的重视范围。学生的座位不只是代表着所坐学生的信息,还可以从教师对座位的关注范围看出一些教师教学方面的信息,如教师的视野中是否存在着盲区? 教师关注的对象中是否存在着偏重? ……把这些作为教学研究的视点,可以有效地改进教师的教育教学行为。

案例

座位看人

我有一次随机去听一名老师的随堂课,在预备铃响前进入教室,正好最后一排有一名学生独坐,他旁边空着一个座位,于是我就坐在那里准备听课。正式铃声响起,上课教师进入教室,直截了当地讲起了课。当下课铃声响起的时候,教师喊了一声"下课",班长条件反射地随之喊了一声"起立",我也随之起立,此时她才发现我的存在,大惊。课后,我只问了她一个问题"你上课的时候关注学生的范围到哪里?"……

从中,我们可以发现从学生的座位中确实能够检测出教师对学生的关注范围。在教学中,我们许多教师常常是"近视眼",看到的或重视的往往是前排的学生,点中回答问题的学生更多的是他们,请上板演题目的学生更多的是他们,获得教师指导的学生更多的也是他们,收到教师奖品的学生更多的还是他们……因为他们距离教师比较近,教师便于开展教学活动,可以节省你来我往在"路程"上所花的互动时间,而后排的学生常常被教师冷落,成为被教师遗忘的角色和角落,于是就造成了"近水楼台先得月"失重的教学局面,这是教育的不公平。

许多歌星在现场问候、互动过程中,都不忘隔着遥远的距离亲切热情地喊一句:"后面的朋友,你们好吗?"接着把麦克风对着后面的观众伸过去,迎来一片潮水般的呼应。在教育中,对座位靠后、成绩靠后以及家境窘迫、性格害羞不那么能说会道等其他境况"靠后"的学生,请你真诚地问候一句:"后面的同学,你们好吗?"

有一回,一名老师讲课时涉及教室后面黑板报上的内容,便让全班学生转过身朝后看,坐在后面听课的我,发现最后一排学生因为忽然变成第一排而顿时来了精神。那一刻,看着他们眼里绽放的光彩,我的心久久无法平静。

另外,教师还应把握好上课时所站的位置。教育心理学家曾做过这样的实验:教室里有四组学生,教师始终站在三、四组之间过道的三分之一处上课,实验观察结果显示:教师身边的三、四组学生的听课状态明显好于一、二组;教师提问的学生几乎都是三、四组的;教师提问时,三、四组的学生回答的积极性和效果,也明显好于一、二组。相比之下,一、二组的学生仿佛成了一节课的观众,置身事外。所以,教师不应该图省事而总是固定站在一个地区,而应该根据具体学情站到需要特别关照的学生座位旁。当然,每周让学生按序换位也不失为一个办法,让每个学生都有机会靠近教师。

案 例

座位换人

北京市某中学的有些班级的座位安排采取一种"递退的方式",即两周往后退一次,比如由第一组的第一排退到第二组的第二排,这样依次往后退。希望通过这样的方式确保每个学生在三年段的初中或高中在每个座位上都坐过一次。这样就实现了每个人的机会平等。

另外,教师对学生座位安排也可以采用"民主"的方式,例如可以采取随机抽签的方式,学生根据抽到的号为顺序先后自由选择座位,再根据特殊情况做一些微调。

前前后后的座位在学生的眼中,有时并不仅仅是一张张座位,他们可能想到的是那张位置坐的是自己的好朋友,那张位置坐的是自己学习的榜样,那张位置坐的是自己喜欢的人。此时,学生之间的心理距离就要远远小于座位之间的物理距离。学生会因个人的喜好与人际的亲密而希望自己的座位能安排在哪里,此时,如果教师能够明白学生的心愿,投其所好,让学生如愿以偿,这就是对学生最大的恩惠和鼓励。从下面一名学生写的一篇日记中我们不难看到学生的座位情结——

案 例

拿虚荣当饭吃的那年月①

我喜欢上了同班的翁琳,那天上语文课,老师讲到荀子,朝着翁琳座位发呆的我,随意跟了一句"还狗子呢",同学哄笑起来。我看着那个方向的翁琳,觉得自己好窘好窘。我被班主任带走了,从翁琳的座位经过时,她娟秀的笔迹让我的血顿时凝固,我永远都记得她的笔迹,那么美。

大家都不喜欢我,54个人中有36个人投票选我为班级最差生。我开始刻苦学习,我要用成绩告诉每个人,他们是错误的。我的变化很容易察觉,一个月一次的考试排名,我都是5名5名地往上升,3个月后,我的语文成绩稳定在班级第一,班主任说我是个奇迹。

我已不像当初那样靠拉风吸引翁琳的注意了,学期最后一次换座位,老师把我调到了她身边。现在,我在她眼里是语文成绩第一的学生,她会翻看我的辅导书,她开始关注我的生活,会问我有没有时间一起去借书⋯⋯

有一个人,一直都在我的生命里,被喜欢着。只是我在变化着,起初是排在她的后面想仰望她,后来是排在她的前面了,喜欢被她仰望。

是啊,在青春骚动的学生时代,许多学生的心中常常会把那么一个成绩优秀的异性作为自己爱恋的对象,希望自己的座位能够离他(她)近一些甚至能坐在一起,如果能够这样,榜样的力量加上朦胧的"爱情"的力量将会使许多学生热血沸腾,在"仰望"中发生奇迹般的改变,让教师感到惊讶。

每个人都有属于自己的私密空间和势力范围,大致为周围3米的圆圈。由此,如果教师要无声地提醒一名学生的注意又不引起别的学生的注意(如当学生开小差时),可以慢慢走到离这名学生3米左右的地方止步,大多数情况下足以引起这名学生的警觉,如果走得太近反而会引起其他学生的注意。

其次,从学生的座位可以看出教师对学生的重视程度。学生对座位是很在乎

---

① 来源:《课外阅读》2011年第13期,作者:戴西洲

的,但许多教师不在乎学生对座位的在乎,也不知道座位的学习意义在学生的意识中居于首要地位。学生往往把座位与自己的地位、与自己的学习联系在一起,因此选择座位其实就是选择一种学习环境。

案例

座位留人

有一名厌学的学生经常逃学,后来发展到经常旷课。他认为自己到学校学习只会给班级拖后腿,自己到不到学校对老师和同学来说都无所谓,班主任上门做思想工作也没有多少作用。一个月过去了,这次老师又找到他,没有再讲道理,只是告诉他:"你的座位依然留在那里,尽管教室里显得很挤,同学们都不同意撤掉,说你最终会来的。"第二天,他偷偷地来到教室外面透过窗户,果然看到他的座位依然摆放得那么整齐、收拾得非常干净,他终于知道老师和同学并没有嫌弃他,他感动了,回到了学校,从此再没有缺席。

从案例中我们不难明白,学生的座位代表着学生的地位。所以,我们在研究学生时,不要忘了也可以从研究学生的座位开始,我们在改变学生时,不要忘了也可以从改变学生的座位开始。

第一,座位会影响学生的心理。如学生会观察到,坐在前面的同学被提问的机会更多,特别是新教师,当他还不熟悉班级时,就在前面任意指点学生回答问题。而且他们还发现,教师提问检查一般都是到第五排就"打道回府",这样后面的学生逐渐就被冷落。有些学生因此就会有挫折感,所以他们所能做的就是做一些无关紧要的事情来吸引教师的注意。

第二,座位还具有身份的意义。学生似乎都接受了这样一个事实:谁的成绩好,坐在"好座位"上似乎是天经地义的事情。因为大家知道"老师除了按照个子、视力排座外,还会考虑成绩"。对于班级那些"异类分子",教师不是把他们安排在眼皮底下,就是在遥远的"边疆地区",或者安排一个"隔离地带",让人一眼就看出他们的"另类"。教师甚至为有些人设置"专座":在班级前排的两边被称为"两极

（南极和北极）"的地方甚至在讲台旁边设置"雅座"，专给那些上课爱说话或做小动作的学生坐，以便于教师监视和管教。

当然，聪明的教师也会巧妙利用座位因地理位置不同而产生的以上身份意义的区别，来为一些特殊的学生设置所谓的"好座位"。如我曾经让那些缺乏自信的学生坐在中间前面的"好座位"上，这样就可以在教学过程中随时关注他、指导他；我也曾经让那些经常违反纪律或注意力经常不集中的学生坐这样的"好座位"，便于在教学过程中随时提醒他、鼓励他。利用学生心目中形成的"好座位"效应可以很好地消融甚至消除这些学生的心理隔阂感，让他们拥有被老师重视的快乐，带着"好心情"跟随教师走上学习的正道。

其实，座位无所谓远近，也无所谓好坏，关键在于教师所持的态度。在教师的眼里那个座位好，学生就认为那个座位好，在教师的眼里所有的座位都好，学生就认为所有的座位都好。座位的学问"存乎一心"，即教师是从学生的角度考虑还是从自身的角度考虑，是从全体学生的角度考虑，还是从部分学生的角度考虑，是从短期效果考虑，还是从长期影响考虑，这些的确值得教师好好考虑。

二、调整好师生之间的心理距离

我们都知道，良好的师生关系表现为师生之间的心理距离不能有隔阂，教师应该能够设身处地地为学生考虑。师生之间的心理距离虽然不能量出来，但我们可以听出来。例如，教师在生气时对学生的声音，就可以听出师生之间的心理距离是远还是近。这是什么道理呢？我们从下面一则案例可以明白一些道理——

👆 案 例

"为什么人生气时说话要喊？"[1]

有一天，一名教授问他的学生："为什么人生气时说话要喊？"

所有的学生都想了很久，其中有一个学生说："因为我们丧失了'冷静'，所以我们会喊。"

---

[1] 来源：《恋爱婚姻家庭·养生版》2010年第2期

　　教授又问:"但是为什么别人在你旁边时,你还是要喊,难道就不能小声地说吗?"

　　几乎所有的学生都七嘴八舌地说了一堆,但是没有一个答案是让教授满意的。

　　最后教授解释说:"当两个人在生气时,心的距离是很远的,而为了掩盖当中的距离使对方能够听见,于是必须要喊起来,但是在喊的同时人会更生气,更生气距离就更远,距离更远就又要喊声更大……"教授接着说:"当两个人在相恋时会怎么样呢,情况刚好相反,说话都是轻声细语,因为他们的心很近,心与心之间几乎没有距离,所以相恋中的两个人通常是耳语式的说话,心中的爱因而更深,到后来根本不需要言语,只用眼神就可以传情,而那时心与心之间早已经没有所谓的距离了……"

　　由此可见,真情可以让教师和学生的心靠得更近。平时,我们经常听到教师喊学生为"小朋友",还经常听到教师称学生为"同学",但实际上,这样的贴心称呼并不代表师生之间的心理距离就近,因为它们并不出自教师真心,它们更多的只是一种代替人名的指称。

　　要让教师和学生的心靠近,教师应该把自己当作学生中的一员,以身作则,同甘共苦。例如,每周教师和学生一样,身着校服,高唱国歌,参加升旗仪式;大扫除时,教师与学生共同劳动,而不是只在一边指挥;等等。又如教师可以通过谈心本记下师生间相处的点点滴滴,还可以利用网络或电话和孩子们进行交流,增进了解,增进友谊。

　　那么,是不是师生之间的距离越近越好呢?是不是教师与学生打成一片就代表师生之间的真正平等相处?答案是否定的。因为教师尽管是学生的"小朋友",教师尽管与学生"同学",但教师毕竟是教师,学生会油然而生尊敬。但这种尊敬不是一种"敬畏"的恐惧,而应是一种"敬爱"的喜欢。

案 例

"王哥"老师①

王老师刚走上工作岗位,和学生打成一片,实施零距离接触学生。教学中他把欢声笑语引入课堂。课后他和学生一起讨论,一起打球,一起就餐。学生开始有些拘谨,天长日久,学生和他日渐亲密,师生之间的距离一天天地缩小。

于是这位王老师在学生心目中就是朝夕相处的哥哥的形象。学生便不称呼他"老师",而喊他"王哥"。他的话渐渐不灵验了,失去了号召力。上课前,教室里传出阵阵吵闹声:"现在上什么课?""王哥上课。""王哥的课真有劲。""王哥来了,我要睡觉了。""王哥布置的作业可以不做好。他好商量!""王哥是我的好友,不用怕他的。"他听到后一阵尴尬,想发火又发不出来,即使板着面孔,学生也照样嘻嘻哈哈。于是王老师上课时,学生我行我素;布置作业时,学生哇哇喊叫;批评教育时,学生丝毫不在乎……期末考试,他任教班级的学科成绩,平均分比平行班低十几分。这位王老师彻底傻眼了。

在建立有效的师生关系中,找准教师的角色定位很重要,师生亲近是需要的,利于互相了解,但一味地亲密,必然导致失衡的师生关系。上述案例中,学生对教师的不畏已经发展成为对教师不敬,老师不像老师,学生不像学生,师生角色偏离了正常轨道。

熟悉是人际吸引的重要条件,然而交往并非不要距离,适度的陌生往往使人更有魅力,因为只有距离才有吸引,也才能帮助建立起最稳定、最持久,也最有效的人际关系。社会心理学发现,人与人之间交往的密切程度与融洽程度并非呈绝对的正比关系,而是呈倒"U"形的曲线关系,即在一定范围内,一定的密切程度能促成融洽的人际关系;密切程度超过一定限度,反而不利于良好关系的维持。为证明这一点,美国人类学家爱德华·霍尔博士进行了人际交往的空间距离效应的实验:在一间大阅览室里,当里面只有一名读者时,心理学家走进去紧挨着他(她)坐下。实验

---

① 来源:《中国教师》2005 年第 7 期,作者:金坤荣

进行了80人次,结果证明:没有一个被试者能够忍受一个陌生人紧挨着坐在自己身边。由此可见,任何人都需要独立的自我空间,让自己感到更安全、更自在。这个自我空间一旦被侵入,人们就会感到不舒服,不安全,甚至感到恼怒。这也就是前面所说的"人的私密空间和势力范围"。

一名政治家这样说道:"欲受尊重,就要让别人感受到你与他们之间的距离。"《美国优秀教师行为守则26条》中的第17条也这样写道:"不要与学生过分亲热,但态度要友好,记住自己的目的是尊敬,而不是过分随便。"

窦桂梅老师在《为生命奠基》一书中曾谈到过分宽容迁就(也就是"过分随便")学生所带来的苦涩:学生在自由宽松的气氛下对她友好而不尊重,甚至与老师犟嘴。于是窦老师在思考班主任工作时曾提到,"一味地追求'容'就会变成姑息迁就,一味追求缩短'距离'就会进入消灭距离的窘境。"她由衷地感叹"距离产生美",提议教师既要做学生的知心朋友,也要做一名严明的长者,让学生信任你,同时又尊重你,也就是说,与学生之间保持一种"美好的距离"。

那么,师生之间的距离怎样可以恰到好处呢?我们不妨先来看看有人描绘的"爱情距离"——

> 在路途上想起爱情来,觉得最好的爱情是两个人彼此做个伴。
>
> 不要束缚,不要缠绕,不要占有,不要渴望从对方的身上挖掘到意义,那是注定要落空的。而应该是,我们两个人,并排站在一起,看看这个落寞的人间。
>
> 有两个独立的房间,各自在房间里工作。
>
> 一起找小餐馆吃晚饭,散步的时候能够有很多话说。
>
> 拥抱在一起时觉得安全。
>
> 不管在何时何地,都要留给彼此距离,随时可以离开。想安静时,即使他在身边,也像是自己一个人。
>
> ……

如果,爱到最后,成了对方的负担,不是爱得不合适,就是爱得不相称。学会为爱减负,隔着一段距离去爱,隔着一点时间去爱,不要那么近,不必那么急,给双方以放松和喘息的时间。这是爱情的真谛,其实也是教育的真谛。

师生之间的心理距离是非常微妙的,过远则有生疏之感,过近则生戏谑之忧,以"不要束缚,不要缠绕,不要占有"为好。有一个例子可以很形象地说明这样的道理:两只刺猬因为天气寒冷而拥在一起,可怎么也睡不舒服,因为各自身上都长满了刺,紧挨在一起,反而无法睡得安宁。最后,几经折腾,两只刺猬拉开距离,尽管寒风凛冽,可它们都睡得香极了。这不由得又让我想起了一个科学实验:两根室外燃烧的木柴,当相距很远时,时隔不久就熄灭了;当相距太近合并为一体时,时隔不久也熄灭了;只有当两者相距有度,间隙不远也不近时,两根木柴才相互辉映,直至全部化为灰烬。这样一种自然现象,科学家称之为"温热有隙效应"。

人与人的交往也有一个"温热有隙效应"。说到某两个人的关系非常融洽时,人们常会用"亲密无间"来形容。现实生活中,"亲密无间"的关系也许存在,然而生活却经常是复杂的、微妙的,亲密到"无间"的程度,结果多半会破坏亲密,如两只刺猬的"亲密有间"。

人与人之间的交往,就像"有隙"才能使两根木柴更好地燃烧一样,"有度"才能保持人与人之间正常良好的关系和心理的和谐融洽。因为人既有社会的共融性,又有个体的独立性、私密性。人的这一特点,一方面要求在人与人交往中提倡团结友爱;另一方面又要求人们要互相尊重,给予彼此一定的独立空间。这就像物质中处于平衡状态的原子之间存在一个平衡距离一样,两个原子一旦小于这个平衡距离,就会产生质的变化,引发化学反应。

由此看来,教师与学生之间也应该"有隙"且"有度",其间的距离需要因"时"、因"人"、因"地"、因"情"、因"事"而不断变化,其距离难以也无法让人度量,但总的原则,我认为用"若即若离"、"忽冷忽热"来形容、来把握可能比较恰当。

具体来说,教师在教育中应该学会根据实际情况调节好师生之间的心理距离。

一是教师应善于因"时"调节自己与学生之间的距离。初时,教师应该创造机会缩小你与学生之间的距离,让学生能够接近你、亲近你,但一旦发现学生开始把你"不当一回事"时,你就应该拉大你与学生之间的距离,让学生依然能感觉到你的尊严,但不是威严。

二是教师应善于因"人"调节自己与学生之间的距离。对自卑感较重的学生,我们要与他们保持较近的距离,从而唤醒他们向上的动力;而对性格泼辣,有"侵略"倾向或行为的学生,我们要与他们保持相对较远的距离,不然他们会给我们制造很多麻烦,影响班级形成积极的舆论氛围以及教师的作用。

三是教师应善于因"地"调节自己与学生之间的距离。教师应该让学生明白,课上与课外自己身份的区别:课外教师与学生是"朋友",课上教师与学生是"同学"。身份不同,规则也就不同:在课外,我们可以与学生在一起游戏娱乐,这是一种朋友般的关系;而在课堂上则应保持一定的距离,学生必须守规矩,这也是维持正常教学秩序的需要。

四是教师应善于因"情"调节自己与学生之间的距离。对学困生取得的一点微小的进步,我们应该由衷地赞美,与他们"心贴心";而学生犯了错误,我们也要表情严肃,拉远距离,与他们"背对背",唤醒学生的自责意识。不过,如果学生犯了非常严重的错误,教师反而不应该教导,而应该开导,因为此时错误的严重性已经足以让学生感到心惊胆战,教师的指责只会雪上加霜,可能让学生不堪打击。

五是教师应善于因"事"调节自己与学生之间的距离。教师要能够敏锐地捕捉影响师生心理距离的因素,如教师和学生自身的心理波动、学生家庭环境的变化、教学中的某个意外,及时反思,及时调整。在学生过度依赖教师时,教师应有意对其恰当地疏远,促使他们自己的事情自己解决。如有一名学生自觉与教师关系很"铁",遇到生字也懒得查字典,跑来问教师,此时教师就应该加以拒绝,教育他自己能做的事情自己做;当觉察到师生感情变淡时,教师应及时揣摩原因,并与学生进行沟通和交流,适当拉近彼此之间的距离。

07 教师的鼓励有时也会成为爱的枷锁

曾经在杂志上看到一篇题为《鼓励成了一副枷锁》的文章——

爱默生是19世纪美国著名的思想家、文学家、诗人，被称为"美国的孔子"。

一天，爱默生接待了一名来自马萨诸塞州的小伙子。小伙子自称是诗歌爱好者，7岁就开始创作抒情诗，习作不计其数，遗憾的是一直得不到名师指点，所以专程前来讨教。小伙子掏出一首新作，爱默生阅读后禁不住夸赞"你的诗写得很不错，好好努力，必将在文学道路上大放异彩！"

爱默生决定提携小伙子，吩咐他回家后多寄一些诗歌来，以便推荐给文学刊物发表。就这样，一老一少开始了频繁的书信往来。小伙子的来信总是洋洋洒洒，阐述自己对诗歌的独到见解，这令爱默生极其赞赏，常常在不同场合提及，使得小伙子很快在文坛小有名气。可是，成名之后小伙子却再也没有寄来诗稿，而是将书信越写越长，言语愈发傲慢，还常以著名诗人自居。爱默生为此深感不安，于是，打算以邀请小伙子参加文学聚会的名义和他好好谈谈。

"为什么你没有再给我寄诗稿？"爱默生问。"我正在写一部恢宏的史诗。"小伙子信心满满地答。"可是你的抒情诗写得很出色，为什么要中断呢？"爱默生接着问。"要成为大诗人，就要写长篇史诗，那些短诗毫无价值。"小伙子开始在聚会上畅谈起自己的伟大诗篇，在座的人无不惊叹，认为他必成大器。爱默生则失望地摇了摇头，黯然离去。

这之后，小伙子依旧经常来信，大谈特谈史诗的创作，爱默生却再也没回信。直到两年后,小伙子终于在信中坦承,所谓的史诗创作,纯属自己编造。"很久没有写诗,我也深感苦恼。自从获得阁下的夸奖后,我就认定自己是个大诗人,必须写出大作品。可每每面对稿纸,我脑海里却尽是空白,再也写不出东西来……"

读着来信,爱默生不禁苦笑:"原来,鼓励有时也会给对方造成压力,就像一副枷锁,禁锢住了原本虚心、踏实的脚步。"

在生活和教育中,我们只认为或只看到鼓励能够激励人。确实,鼓励是能够激励人,心理学家基洛维奇做过一个实验,在向顾客推销一家服装店时,先奉承一番"我们知道您注重时尚、品位高雅……",结果显示 80% 的人都对这家店有好感。不过,如奉承那些充满自信甚至有些自我膨胀的人,效果会打折扣。所以,鼓励也并不是万金油,抹到哪里哪里亮,而是有着适用的对象和适用的时间,并不是所有的人都能具有激励作用,也并不是所有的时间都能保持激励效果。在教育中,也有一些充满自信甚至有些自我膨胀的学生,在鼓励的光环中,容易沾沾自喜,产生自以为是、高高在上和目空一切的自傲和自大情绪,效果同样会打折扣甚至走向反面。

一、对优生的鼓励,不能远离学习的实质

在赏识教育的潮流中,我们总是喜欢甚至习惯对学生只赞扬不批评。在课堂教学中,我们时常耳闻教师对学生"棒棒棒"的表扬声。对后进生,好不容易有了一点进步,教师及时送出鼓励,这无可厚非,然而有些教师对一些好学生,有一点好,也会送上"你真聪明"的表扬,其实这样的表扬是廉价的,多了也就烂了,好学生或许不珍惜,或许也不领情,认为学习的成功是因为自己的聪明,与别人无关,并且认为凭借自己的聪明可以得到一切,这样的结果可能就会导致骄傲自满,学习不再勤奋。对此,有人主张对孩子应该"不赞聪明赞勤奋",至少是"少赞聪明多赞勤奋",要让学生意识到自己的成功更多地来自自己的勤奋,从而依然能够保持高昂的学习斗志。

我们都知道爱迪生有一句名言是"成功是 99% 的汗水＋1% 的灵感",却很少有人知道爱迪生说的那句话完整的是"成功是 99% 的汗水＋1% 的灵感,但是那 1% 的灵感远比 99% 的汗水更为关键。"爱迪生本人的意思是想突出"1% 的灵感"的重要性,国内在转载这句话时一般只有前半句,结果突出了"99% 的血汗"的重要性。我

在想,我们的前辈们对这句名言的"断章取义",意图是想打破宿命论,来说明后天的勤奋对人发展的作用更大,从而引导人有一个积极向上的追求。有人说,一个人能否胜任一件事,85%取决于态度,15%取决于智力。如果我们只是看到孩子的聪明,吃定天资聪明就能赢得所有,那么就很有可能落下"伤仲永"的悲剧。由此可见,让我们的学生认识到后天的努力也是很重要的这一生存之道是何等地重要,"不赞聪明赞勤奋"这种鼓励方式可以在一定程度上避免一些聪明学生的夜郎自大,促使他们的学习能够做到脚踏实地。

二、对差生的鼓励,不能脱离学习的实际

对好学生而言,教师的鼓励可能会成为一副爱的枷锁,对后进生而言,教师的鼓励同样可能会成为一副爱的枷锁。我们都知道物极必反,教师的过多鼓励和过度鼓励,极容易让好学生产生幻觉,自信过后是自傲;教师的过多鼓励和过度鼓励,极容易让后进生产生压力,自信过后是自卑。

有一名后进生对一名知心的老师诉苦说:"老师对我的期待和鼓励让我喘不过气来,他能不能放弃我啊。"教师对学生期待和鼓励的结果却导致后进生渴望被"放弃",这是怎么回事? 在与该生的进一步交流过程中得知,原来他将教师的期待和鼓励当成了爱的枷锁:"学不好就太对不起老师了,然而我一直在努力,就是学不好——我以为自己能毕业就不错了,可老师一直希望我能考上一个不错的高中。"只言片语中表达了他的无奈。教师的鼓励反而让他越来越发现自己原来只是一只"小小鸟"——"飞来飞去却总是飞不高"。这样的发现越来越强烈地让他感到:"老师在全班面前'鼓励'我的时候,我简直无地自容,老师的'鼓励'让我感觉就是挖苦。老师不如对我直接进行讽刺、批评,那样我或许更好受!"

弄清楚了后进生的想法,我忽然体会到,后进生虽然有后劲,但当与教师的期望值相距甚远时,学生可能就感受不到教师的鼓励,不以鼓励为鼓励。在这样的情况下,"批评"和"鼓励"都是一回事——只不过是教师对学生问题的同一种态度选择不同的表达方式而已。同样的态度就是:不满意学生的现状,从而通过鼓励或者批评而努力使这种现状发生改变。然而批评是较为直接的教育方式,正因为教师担心学生接受不了,从保护他们自尊心的角度出发,让间接鼓励代替了直接批评。

在现实教育中,许多教师对学生的期望常常好高骛远。例如,有学校鼓励每名

学生都能成为"高富帅"——高远的目标,富有激情,帅气的作为。教师这种对学生不切实际的鼓励,出发点是好的,只是在过程中忽略了学生的心灵体验,教师过高的期待在感动学生之余,也给他们的心灵上了枷锁;以好的动机过分地在教育过程中施加情感压力,学生在无法满足教师期待的同时,也背负了情感债务。可见,如果忽视了对学生情感的关注,尤其是漠视了他们的心灵体验,鼓励的结果就有可能令教师感到困惑乃至伤心。至此,我们应该明白,鼓励原来也是需要内涵的,也是有底线的。

教师对学生鼓励的一条"底线"是要注意自己的说话不能脱离学生学习的实际,对学困生尤为如此,因为他们的神经特别敏感,心灵比较脆弱。

👍 **案例**

是什么让学生感到伤心?

有一次,一名学困生突然主动地来问概率问题,教师非常高兴,细心地给他讲解后鼓励他:"有时间你可以自己看看书,不懂再问老师,应该没问题!概率其实很简单。"

结果,这名学生很气愤:"老师,您知道吗?我们这些成绩不太好的同学最讨厌你在上课或者在分析问题的时候,说'这题目很简单!这道题很容易!'那些您说很简单的东西,有些我们根本不懂!有些只懂一点点。试想我们连'简单的知识'都这样,您说我们不是白痴是什么?"

上述案例中,教师真诚的鼓励竟然成了无情的暗讽。教师说的"简单",对好学生来说是简单,但对差生而言并不简单。尽管教师此时的本意是鼓励,暗示学生"这种问题不难的,别怕!",但敏感的学困生则很容易误解为"我连这样简单的问题都不会,可悲!",教师没想到自己的话语会存在"黑洞",让学生的信心"黑屏",此时教师爱的鼓励就成了爱的枷锁。

另外,教师对学生言过其实的鼓励,可能会误导学生的一生。下面的案例仿佛动画片《害羞的小黄莺》的翻版,动画片表达的是一只害羞的小黄莺是如何在其他小动物的鼓励下最终变成了可以面对所有人大胆歌唱的小歌手,然而这样的事就发生在我们身边,只是后来那个学生并没有成为"小黄莺"而已。

案例

莫让期待成为教育枷锁①

  小李是一个借读生,在班级中沉默寡言,不大与人交往。因常年随父母奔波,使得学习成绩很不理想,这更增加了他的自卑感。在班级师生眼里,小李是一个孤独的人——"他仿佛空气一般,很多时候我们甚至没有意识到他的存在",有学生这样形容他。但班主任老师对他非常关心,慢慢地,他也向班主任敞开了心扉。比较大的变化发生在一次师生谈话之后,当班主任热心地问他有什么爱好时,他腼腆地答道:"我喜欢唱歌。"于是教师在多个场合鼓励他大胆唱歌,并希望其他任课教师以及孩子的家长也能配合着对他进行鼓励。只有音乐老师对班主任坦诚指出:小李没有什么歌唱天赋。班主任回答音乐老师说:我只想让他变得开朗大胆一些。

  小李越来越认为自己很有"歌唱天赋",加之师生对他热情的赞赏,小李就经常是歌不离口了。这种表现弥补了他在学习上的遗憾,他的确在班级中变得开朗活泼了。

  毕业后,小李执着地认为自己可以做一个歌手,于是为实现自己的理想而四处寻找机会,他的乐理知识几乎为零,嗓音也的确不适合歌唱,加上文化课成绩较差,地方音乐院校理智地拒绝了他。与此同时,也有多个朋友善意地提醒他:唱歌当作爱好还可以,当作事业你似乎并不合适。"我们老师说我可以的!"小李坚信老师对他的鼓励是没有错误的,并以教师对他的欣赏作为动力,依旧为实现自己的梦想继续努力。他买了一把吉他在家苦练,希望成为一名通俗歌手——酒吧歌厅的老板却及时地打击他,说他不仅没有舞台感,连什么是"和弦"都不懂,"抱着吉他装样子",然而小李仍未醒悟。

  多年以后,师生重又见面,班主任早已忘记了当年对小李的鼓励,甚至在小李

———————————

① 来源:《班主任》2007年第7期,作者:韩景贵

给恩师弹唱了一曲之后，恩师竟然想不起曾经对他的歌唱表示过"欣赏"，并对已经成人的小李说："你这样的嗓子还唱歌？别招人笑话啦。"他以为自己的语言只是在师生聚会时表达的一个幽默。

然而终于听到恩师说出了这样的话——虽然类似的话小李多年来早已听得不计其数了，只是这话终于从自己一直信任的教师口中说出来，强烈的刺激使小李产生了无比的愤怒，他摔了吉他扬长而去。

上述案例，读后让人对那名学生不符实际的遭遇感到同情，也对那名教师不负责任的鼓励感到有些愤怒。之中，教师的鼓励错误地引导学生走上了一条人生发展的迷途，加上学生对教师鼓励的信任——"我们老师说我可以的！"，结果让学生深陷其中，迷途不能知返。由此可见，教师对学生的鼓励不能随意，应该讲究鼓励的时机和方法。我们应该明白，教师对学生的鼓励不只是说"好"，还要说好，这样才会产生积极的作用。

08 好学生的学习生活未必就过得好

《成都晚报》评论部主任曾颖在《手抄本》一文中曾经写道：我读初三是在 1985 年。那一年，我 15 岁，是班里的班长、老师和同学眼中标准的乖乖男，这个称呼，于老师是一种褒义，于同学则是一种贬义。在青春期的审美观里，乖乖男就是温顺、听话、假正经的意思，甚至还是老师派出的"间谍"的代名词。落下这样的名头，想不孤单都很难。整个初中阶段，我都被同学们彬彬有礼地拒于千里之外，就像困在玻璃柜中的苍蝇，身边的世界既清晰真切，又不得其门而入。

在我们许多教师的心里，好学生整天被家长夸着，整天被教师捧着，整天被同学围着，学习一定很风光，生活一定很潇洒。然而，事实未必如此。

一、被比较，让好学生日子不好过

曾经有一名好学生在周记中写下"求求老师以后不要再表扬我了"的呼声，对这种好学生拒绝教师表扬的咄咄怪事，在旁人看来，似乎不可理喻，但当我们明白了"鹤立鸡群，最难过的并非那些鸡，却是其中的鹤"这样的生存道理之后，我们就会理解这些好学生的生存困境。此情此景，似乎可以借用现在流行的一句话来形容——"你在桥上看风景，而别人却在桥下看你"，好学生的一举一动，时时刻刻被别人(家长、教师和同学)盯着，被人盯着的感觉可并不好受。

教师在教育一般学生特别是差生时，常常把好学生作为比较的榜样，比得多了，就可能会让那些所谓不好的学生产生"过敏反应"，固执地认为"我们的不好"是因为"他们的太好"，于是对好学生有了排斥心理甚至敌对思想，结果弄得优生和"忧"生之间关系紧张，甚至发生下面案例中那样的"过激反应"——

案例

一封罪恶的"情书"①

16岁那年,因为我中考的成绩并未达到市重点一中的录取线。母亲动用了一些关系,又花了一笔数目不小的钱,我才得以去一中就读。

一直以来,我的学习只是中等。一中会聚的全是各所学校的佼佼者,他们的优秀,是我无论怎样努力都无法赶上的。自卑的心理,加上学习的吃力,使我的心里像塞了块被雨打湿的石头,沉重而抑郁。我的同桌叫王彩霞。她不仅人长得美,学习也极好。每次考试,她总是独占鳌头。老师的表扬,同学的羡慕,如太阳的光芒,碎金样洒在她身上,那张灵动的脸,日日漾满了骄傲。

彩霞的妈妈和我的母亲是同事,她们常在一起谈论孩子的学习。每逢周六回家,母亲总是从头到脚将我训斥一番,然后再拿彩霞跟我比。那句"看看人家彩霞,再看看你"不知说了多少遍。还有我的班主任,他在批评我拖了班级后腿时,也总是说,多跟王彩霞学学,你们天天在一起,怎么会有这么大的差距呢?

高二时,一次考试我竟排在全班倒数第三名。母亲拿着成绩单,生平第一次打了我。她说,我怎么生出你这样的废物呢?为了你的前途,我低三下四地求人,还花光了省吃俭用攒下来的积蓄,可没想到,你却如此不争气!哎,如果有个彩霞那样的女儿,该多好啊!泪眼蒙眬中,母亲仍在指手画脚地数落着,彩霞的名字一个接一个劈头盖脸地砸下,那一刻,我对彩霞突然产生了怨恨。

一天,男生踢球,女生在旁边呐喊助威。班长霍东矫健的身影在绿茵场潇洒地穿梭着。彩霞说,霍东不仅长得帅,足球也踢得如此棒。她的眸子里,有欣赏倏然飘过。

操场上,我一个人开始疯狂地练习写字。没有字帖,有的只是彩霞用过的笔记本。两个月后,我终于可以写一手与彩霞无异的字体。然后,我以彩霞的名义,用极其暧昧浪漫的语言给霍东写了一封情书。上体育课时,我悄悄在上厕所的时候将信放到了霍东的书包里。

---

① 来源:《才智·才情斋版》2012年第6期,作者:清心

我的目的,是让霍东答应彩霞的求爱,然后让彩霞因恋爱而分散注意力,这样她的成绩就会慢慢下降。而我,也就不用总被罩在她的阴影里。但事与愿违,霍东竟将这封情书交给了班主任,霍东还对同学说,没想到,王彩霞原本是个不正经的女孩子。老师找彩霞谈话,彩霞因极力否认又被扣上了不诚实的帽子。那封情书,轰动了整个学校。彩霞的妈妈,为了这件事,竟气得上吊自杀,好在邻居及时发现,才避免了悲剧的发生。那段时间,彩霞常常一个人在操场哭泣。流言蜚语漫天降落,似乌云罩在她的头顶,使她再也看不到前途的光明。

彩霞的成绩不是慢慢下降,而是一下子跌至谷底。校园里不再有她的笑声,成绩榜的前列也不再有她的名字。她一天天消瘦,一天天地萎靡不振。目的达到了,我却并未盼来预期的开心。看着彩霞痛苦的样子,我甚至想去找老师澄清事实,也想对彩霞重重地道声对不起。只是,我终究没有这份勇气。

上述案例中那名学生的报复心理和极端行为,可以说是被家长和教师时不时地同好学生比较逼出来的,这种"比较级"教育在现实中经常上演。"看看人家彩霞,再看看你""多跟王彩霞学学,你们天天在一起,怎么会有这么大的差距呢?"这样的比较句式让我想起了一则流传于网络和微博的热帖,引发了众多网友的共鸣——

从小我就有个宿敌叫"别人家孩子",这个"别人家孩子"从来不玩游戏,从来不聊QQ,天天就知道学习,长得好看,又听话,回回年级第一,有个有钱的男友,研究生和公务员都考上了,一个月七千元工资,会做饭,会家务,会八门外语,上学在外地一个月只要四百元生活费还嫌多。

的确,很多家长总喜欢跟自己的孩子讲别人家孩子的故事,事实上不少教师也正扮演着这样的角色,大讲特讲别的孩子如何如何,或许是因为羡慕、攀比,或许是想借此激励孩子,给孩子一个奋斗和努力的目标,但事实上,这样做多了不仅难以起到激励作用,还会损伤孩子的自尊心、上进心。孩子的心理是敏感的,也是脆弱的,总是拿别人家的孩子来跟他作比较,他会抬不起头来,甚至将委屈乃至怨恨转移到"别人家孩子"身上。

案例

"我是书呆子"①

我的儿子吉米很有天赋,多数孩子开始学说话时只会一个字一个字地说,但吉米开口说的第一句话就是"我爱你"。9个月大时,吉米就会到处爬了;18个月大时,就能整句整句地说话了。

但是,这种天赋也给他带来了烦恼。刚上幼儿园时,我就发现他很容易被其他孩子孤立出来。看来,无论是有缺陷还是有天赋,只要与众不同,就会遭到嘲弄。

那天,我看到吉米气鼓鼓地回到家。他狠狠地推开门,瞄了我一眼,就倒在沙发上,哭了起来。我走到他面前,抚摩着他额前凌乱的头发,问:"怎么了,吉米?"

"瑞克说我是个书呆子!"他哭喊着,把头埋向我的肩膀。

我的第一反应就是去找那个浑蛋瑞克,好好教训他一顿。但是理智制止了我,这么做或许会更糟。

"他怎么能这么说? 我以为他是你的好朋友呢。"

"老师提了一个问题,全班只有我会,于是我举起手,老师就让我回答,之后瑞克就说我是书呆子。"

我把他搂进怀里,紧紧地抱着他。我们坐了一会儿,突然,我想到一个解决办法。

我打开电脑,搜索"比尔·盖茨",然后喊吉米过来一起看。

"他是谁?"吉米问。"他呀,以前人们都喊他书呆子。""哦。"吉米轻轻皱起眉头。

"你知道他长大后做了什么吗?""不知道。""他曾是全世界最有钱的人。"我说。

"什么?"吉米睁大眼睛喊道。

我又输入另一个词:"巴拉克·奥巴马。"吉米马上说:"我知道,他是美国总统。"

"你知道吗? 他上学时也被人称做书呆子。有这两个成功的先例,谁还不想当个书呆子啊?"

"我知道了,当个书呆子也挺好的,是吧?"吉米高兴地说。

"这要看你怎么看待这件事,瑞克把书呆子看成是一种羞辱,但是笑到最后的

---

① 来源:《小学生阅读与写作·一二年级版》2012年第11期,作者:米兰达·格兰兹

人许多都是曾经被称做书呆子的,我保证!"

吉米笑着跑去一边玩耍了。

第二天,我盼着吉米能够笑着回家,不再伤心,所以一听到学校巴士的刹车声,我就跑去窗口。我看见吉米下了车,一路跑来。他冲进门,上气不接下气地说:"我可以出去玩吗? 今天没有家庭作业。"

"当然,不过,你今天跟瑞克怎么样? 他没再叫你书呆子吧?""他叫了。不过我说,我就是一个书呆子! 而且我还告诉他,长大后我很乐意雇他为我工作。"

吉米笑着说完就跑了出去。我微笑着站在门口,挥手和他道别。

上述案例告诉我们,当好孩子被同学孤立时,家长或教师对孩子的鼓励很重要。除此,家长或教师对孩子的引导也很重要。聪明的家长或教师应该多让孩子"和自己比",而不是"和别人比"。如果非要与别人家的孩子比,也不要总是拿班级中最好的学生作比较,而应当注意让自己的孩子感到"够得着"、"追得上",从而增强自信心和自动力。

诗人田晓菲10岁出版诗集,14岁考入北京大学,她的父母对她的教育是成功的。成功的秘诀在哪里? 她母亲告诉我们,最重要的就是"我从来不拿她和别家的孩子比"。

二、被比拼,让好学生日子不好过

除了来自同学追求"比较级"的压力之外,来自父母与老师对孩子和学生要求"最高级"的压力也是让一些好学生感到日子难过的重要原因。曾经在《感悟》杂志上看到一篇题为《在精神病院里做我自己》的文章——

一天,我在一家精神病院的花园里漫步时,遇到了一名年轻人,他正坐在长椅上阅读一本哲学书。

年轻人的行为和他那明显很健康的神态让他与其他住院者完全不一样,我很好奇他为什么在这里。

我在他身边坐下,问道:"你在这里干什么呢?"

他看着我,非常惊讶。但他看到我不是一名医生时,就回答说:

"这很简单。我父亲是一名著名律师,他希望我能像他一样。

"我舅舅拥有一家大商场,他希望我能以他为榜样。

"我母亲希望我成为她敬爱的父亲的样子。

"我姐姐总是把她丈夫作为一名成功男士的榜样摆在我面前。

"我哥哥总是试图把我训练成像他那样的优秀运动员。

"同样的事情在学校里也发生,钢琴老师和英语老师,他们都深信和确定自己是应该学习的最好榜样。

"他们谁都没有像看待一个人那样看待我,而是像他们在照镜子似的。

"所以,我决定进入这个精神病院。在这里,我至少可以做我自己。"

来自各方面的高期望对人也构成了一种巨大的精神压力,这样的好上加好如同一个紧箍咒,只叫人喘不过气来,逃入精神病院也就情有可原。在教育中,好学生也常常被自己的"好"挟持着,绑架着,不能玩乐,不能犯错,不仅不能轻易做自己想做的事情,有时还要做一些自己不喜欢做的事情,时时处处被别人盯着的不自由的生活让他们感到窒息和痛苦。

案例

"老师,我不想当班长了"[①]

开学不久,我收到班长王少玮的信:"老师,我不想当班长了,申请辞职。"我一愣,王少玮总以当班长为荣,怎么会突然提出辞职呢?我带着疑问给他回了信,希望他告诉我原因。

第二天晚上,我迫不及待地打开邮箱,看到了王少玮的第二封信,内容仍然很简单:"老师,我太累了,请您给其他同学一个机会吧。"这让我更迷惑了。我接连发了两封邮件给他,肯定了他的表现,鼓励他勇敢面对难题。可他依然坚持辞职。

多年的班主任经验告诉我,这里面一定有我没有意识到的问题,孩子可能有难

---

① 来源:山东省枣庄市薛城区北临城小学,褚洪山

言之隐。于是,我又向他发去了第四封邮件,真心希望他能向我敞开心扉。或许是我的真诚打动了他,他终于说出了自己长久以来的苦恼:

老师,您或许不知道,当我看到别的孩子"肆无忌惮"地"为所欲为"时,我真的非常羡慕。他们可以想怎样就怎样,而我呢,却让"班长"这副枷锁压得喘不过气来。在家里,只要妈妈让我做家务,不管我当时正在干什么,我都得无条件服从,因为妈妈总是说:"你是班长啊!"难道班长就应该事事顺从?在学校里,偶尔疏忽算错了题,同学们也会笑话我:"还当班长呢!"为什么别的同学考不好可以心安理得,做错了事不会被埋怨?就连别人踩了我的脚都可以不说"对不起"?

上述案例中,班长是个优秀的孩子,可这"优秀"却被我们——老师、父母和同学变成了一副沉重的精神枷锁,锁住了一个孩子的天性。面对成长中的孩子,我们习惯于用成人的标准去要求他们,有时甚至严苛到将孩子当作"圣人"来要求,连一些成年人都未必能达到的标准,却要求我们的孩子做到,尤其对那些优秀的孩子。我们常常忘了:再优秀的孩子,他也只是个孩子啊!让我们卸下孩子身上的枷锁,还给孩子应有的快乐与自由。

在学校教育中,差生的日子不好过,做后几名难堪,好学生的日子其实也不好过,做前几名难受,那么哪些学生的日子相对而言好过一些呢?或许是那些中等层次的学生。他们既没有被教师盯着产生的压力,也没有被同学盯着产生的压力。在现实中,教师往往能不加思考地叫出好学生和差生的名字,而常常叫不出中等学生的名字,因为教师的常规管理方法常常是抓"两头"——盯着的是那些差生,比着的是那些好学生,而经常忽视这些中等学生。然而,正是这样宽松的环境造就了"第十名现象",让这些中等生得到了很好的发展。

朱棣文上学时成绩在十名左右徘徊,而哥哥朱筑文则一直保持班级第一名。工作之后,朱棣文当上教授时哥哥是副教授,朱棣文获得诺贝尔奖时哥哥当上正教授。

杭州天长小学教师周武将这一现象称为"第十名现象":小学期间前几名的"尖子"在升入初中、高中、大学(乃至工作之后)有相当一部分会"淡出"优秀行列,而许多名列第十名左右的学生在后来的学习和工作中竟出人意料地表现出色。

其原因在于,对好学生而言,保持第一名要用掉太多的精力。南方科技大学校长朱清时解释:"原生态的学生一般考试能得七八十分,想得 100 分要付出好几倍的努力,训练得非常熟练才能不出小错。要争这 100 分,需要浪费很多时间和资源,相当于土地要施 10 遍化肥,最后学生的创造力都被磨灭了。"数学大师陈省身生前曾为中国科技大学少年班题词"不要考 100 分",就是这样的道理。而对中等生来说,受到的关注较少,也不必承受着一些名列前茅的学生一直担心被后来者超越的压力,所以在交际能力、应变能力和适应能力等方面也比较强。北京林业大学教授、社会学博士方刚在新著《我的孩子是"中等生"》里,也旗帜鲜明地提出了"养儿就做中等生"的教育理念。

在教育中,要减少好学生和差生不必要的麻烦和过多的压力,一是教师在评价学生学习表现时,少一些好与坏的点名;二是教师在评定学生学习成绩时,少一些好与坏的排名。在现实教育中,教师盯着学生好与坏的原因,归根结底是在盯着学生的成绩,以分数论英雄。对此,我们不妨来看看美国学生"谜一样的成绩",或许能够从中得到一些启发。

我们可能听说美国学生是不公布成绩的,那么美国学生是怎么知道他们的学习效果或者取得的最后成果呢?事实上,美国也是公布学生成绩的,但是公布的方式和中国完全不一样。

我们中国的教师在公布学生成绩时,一般依据学号的顺序来公布学生的成绩,名字后面附上该生的考试成绩,甚至有的老师公布成绩是按分数高低来排序的。这样,张榜时,大家一眼望去,就可以知道谁考了最高分谁考了最低分,谁是第一名谁是第二名。

但是在美国,公布成绩可不是这样。因为成绩是学生们的"私密",所以教师也要保护学生的这种权利。美国教师公布成绩时,上面不会有学生的姓名出现,而只会出现一系列的数字。这些数字包括两部分,一部分是学生的成绩,另一部分代表另一个意思——前面的那一排数字是学生的 ID 号码。通常情况下,学生是不会知道同学的 ID 号码的,而且那个 ID 号码比较长,很少有学生能记得住。因此,学生在查成绩表时,必须对照自己的 ID 卡,然后才能查到自己的成绩。当然,这个 ID 并不是学号(如果是学号,大家也可以据此猜出来是谁),而是学生入学时获得的一个私人信息数字。如果想要知道别人的成绩,教师是不会泄密的。

如果家长打来电话询问孩子的成绩,或者是验证孩子的成绩,教师会很热心地告诉他们孩子的成绩,但绝对不会把别的孩子的成绩告诉他们,也不会把学生的排名情况告诉他们。不过,值得称赞的是,美国的家长也通常不去问自己的孩子在班级里的排名,因为美国的班级很少排名,而且每一名美国家长都会觉得自己的孩子是最聪明的。

美国教育的上述公布考试成绩的"暗箱操作"的好处,一是可以使学习气氛不再变得那么高度紧张,二是可以使学生关系也不再变得那么高度紧张。这样,对那些优生们和"忧"生们,都在一定程度上避免了因相互比较而产生的一些不必要的摩擦和伤害,从而能够在和睦相处中携手共进。

09　漂亮不只是人的"好看"更是对人的"看好"

曾经在《甘肃日报》看到流沙写的一篇题为《因为她很漂亮》的文章——

一名长相靓丽的女孩不慎滑入护城河，被水冲到了桥洞处，幸好桥洞处有一个破栅栏，把女孩的衣服钩住了。

女孩喊救命。但水流很急，而且护城河离地有两三米高，即使下河去救，也爬不上来。众人都知危险，不敢下河。

有个小伙子跳入河中，他水性好，很快泅到女孩处，把女孩拖到桥墩旁边。不久消防兵来了，记者们也来了。记者拦住他问："水那么急，你怎么敢下河去救？"

小伙子扭头看着旁边救上来的女孩，大声说："她长得那么漂亮。"

围观的人都笑了。

记者又问："你有没有想到这样做很危险？"

小伙子说："那么漂亮。要是被水冲走了，真是可惜了。"

这则新闻后来在电视上播出来了，有救人的场景，有女孩表示感谢的场景，就是没有小伙子那有趣的回答。

从上述故事中我们不难感觉到，漂亮不仅是一种美丽，漂亮也是一种魅力。那么，在教育中，教师的漂亮对学生，学生的漂亮对教师，是否彼此也会给主观上造成一定的影响呢？

一、学生其实更看好教师教得漂亮

我们常常以为教师的长相对学生的学习是没有影响的，特别对小学生更是这样。一次我去听一名数学教师钱老师的课,她刚接的五年级班级,听课结束后,我无意间问旁边的一名小男孩:"你觉得钱老师(教得)好呢还是以前的数学老师好?"结果他很骄傲地说:"当然钱老师好!"这个"当然"二字让我觉得背后可能有名堂,就追问为什么,他的理由竟然是"钱老师漂亮"。他的回答让我很惊讶,想不到教师长得漂亮也能让学生感到教师的好。或许这只是男生的想法,接着我又问了一名女生,结果也有这样的感觉。

于是,我开始回想自己的学生时代,竟然也想起在初一的时候,似乎也暗暗喜欢漂亮的数学老师,天天盼望着上数学课,听她的课感觉特别舒服,也特别认真,她的容貌、她的头发看起来是那么美,她的声音听起来是那么美,她的课讲起来也是那么美。

教师的漂亮确实能够让学生产生好感,进而可能促使学生好学。于是又想到每次出去听教师会课比赛,当一名漂亮教师登台亮相时,我们眼前就会感觉一亮,预感她的课也会上得很漂亮。在教育中,似乎有着这样一种不成文的选拔机制,那就是代表各地的会课选手大多是一些年轻漂亮的教师,不知是教育部门的领导也认为漂亮教师上课能够吸引学生的眼睛,还是认为漂亮教师上课能够吸引评委的眼睛。

某中学对 500 名七八年级学生发放问卷,做了主题为"你最喜欢的老师"的匿名调查。结果发现,在没有设定选项的情况下,有近一半的学生不约而同在问卷上写下"喜欢帅气、漂亮的老师"。该校学生投票产生的 10 名"爱生明星"中,35 岁以下的青年老师居多,即便有的老师已 50 多岁,但打扮得很漂亮,对工作热情高,也赢得学生喜爱。采访中,很多学生表示,看着舒服的老师谁都喜欢,喜欢老师这个人,才会喜欢上他们的课。部分学生说,如果老师外表很邋遢,即使教学水平很高,他们也会敬而远之;当然,如果老师光讲究打扮,但上课一塌糊涂,学生也觉得不好。

👍 **案 例**

两位教师,两种情形[①]

上中学时,有一名教我们数学的老师,男的,戴着啤酒瓶底似的近视眼镜,看教

---

① 来源:《新民晚报》2010 年 4 月 14 日,作者:喻志德

科书几乎要贴在脸上,时常穿一件褪了色的上装,戴一副深灰色的袖套。上课时,只顾一黑板一黑板地擦了又写,粉笔灰满天飞,坐在前排的同学尽捂嘴巴;他苦口婆心喋喋不休,每句话后总习惯性带个"哎啊"音,同学就在背后给他起了个雅号叫"哎啊"。慢慢地,同学们开始讨厌他,更有人对数学课感到头痛。

第二年,换了一名数学老师,也是男的,眉清目秀,戴一副金丝框眼镜,头发总是梳理得"头式清爽",两眼不看讲义只看学生,面带微笑,不瘟不火慢条斯理,有时还来几句幽默话引得大家哄堂大笑。听他的课,好似在听一堂苏州评弹,倍感轻松。他开口闭口总是"先生这样先生那样"的,同学背地里就叫他"先生"。他的数学课很受学生欢迎,同学每天总盼着他来上课,全班的数学成绩大大提高了。

至此,我们可以发现,漂亮不仅仅只是长相,还应该包括形象。然而一些家长认为,对教师来说最重要的是严格负责的态度以及过硬的教学能力,至于外在形象和打扮,他们并不看重。还有一些家长担心如果教师打扮太时髦,还可能分散学生上课的注意力,光关注教师外表,而忘记教师讲什么了。

家长的担心还是有道理的。许多人并不知道"为什么时装模特儿都面无表情",因为时装模特儿希望观众看她们身上漂亮的服装,而不是自己漂亮的脸。在教学中,教师希望学生关注什么,决定着教师该怎么做。一般情况下,教师都会希望学生关注自己的表情、语言和动作,因为这些才是透露自己学问和反映自己思想的通道,所以教师与时装模特儿相反,一般不会穿得花枝招展,分散学生的注意力,而表情语言和肢体语言却会很丰富,成为教学中的一道风景。

诚然,教师穿得艳丽会吸引学生的注意,但教师穿得邋遢同样会影响学生的心情。华中师范大学教育学院范先佐教授说,教师在严格教学态度,掌握教学艺术的同时,有必要适当打扮,着装得体,干净大方。国外一些学校还要求,教师进校时必须在镜子面前整理衣着,化淡妆。

进一步思考,我又产生一种莫名的担心:现实教育中,许多教师长得并不漂亮,他们的学生的上课心情是否就会感到沉闷?他们的学生的学习是否就难以漂亮了呢?下面一段母女的对话可以告诉我们漂亮的另外一种含义——

一名小女孩有一天对她的妈妈说:"妈妈,您今天真漂亮。"妈妈感到很奇怪,难道以前的我就不漂亮吗?为什么今天就漂亮了呢?于是妈妈好奇地问女儿:"为什么说妈妈今天漂亮呢?"女儿很天真地回答道:"您今天一天都没有生气呀。"

原来,一个人的漂亮竟然如此简单。在孩子的眼里,漂亮还有另一层意思,那就是态度的和蔼可亲。所以,那些长得不漂亮的教师大可不必为此苦恼,态度决定一切,你对学生和蔼一点、温和一点,在学生的眼里,你就是漂亮的。无独有偶,有一位教师也对学生做了一个调查,与本节开头的那个调查所不同的是,她的调查给了学生三个选项:有这样三种老师让你任选其一,你会选择哪一种? 一是美丽的老师,二是有才华的老师,三是与你做朋友的老师。结果全班 42 个孩子竟有 34 个选择"与你做朋友的老师",可见学生心底里还是喜欢对自己好的教师,教师对学生的态度胜过一切。

爱因斯坦说:"使学生对教师尊敬的唯一源泉在于教师的德和才。"教师的漂亮,其实不完全是指外表的俊俏美丽,许多时候可以是指教师的一种气质,一种学识,如下面案例中的那位秃头教授,长得不漂亮,但课却上得很漂亮;教师的漂亮,许多时候还可以是指教师的一种品德,一种精神,如为救学生被客车碾轧致高位截肢的张丽莉被人称为"最美教师",此时的美丽的意义已经超越了容貌的漂亮,而是心灵美。

案 例

教授是秃头吗?[①]

一名已经谢顶的老教授走进教室,用手轻轻整理他不太富裕的头顶,自我调侃地说:"人老了,头发也少了。我的专业发展速度远远赶不上头发脱落的速度,所以我很惭愧,我都不知道我的头顶算不算硕果仅存。"学生们会心地笑了,许多人不自觉地点头。不过教授却明显不服老,甚至还与他的学生开始争论他到底算不算秃头,这让大家兴趣盎然。

---

① 来源:《知识窗》2012 年第 6 期,作者:林草

"请大家看清楚,我是秃头吗?"教授明知故问,一脸认真严肃的模样。

学生都哄笑起来:"中间溜冰场,旁边铁丝网。您毫无疑问算是绝顶聪明的一类。"

"那大家的意思是说我的确是秃顶,其实我也这么认为,人总要面对现实嘛!何况我不是要面子的人,更不是傻瓜,我的头上已经没有多少头发了,这是岁月留给我的纪念,我能接受。不过,我忍不住产生一个困惑的问题。"教授侃侃而谈却暗藏玄机,这勾起了大家的兴致,学生七嘴八舌地问个究竟。

教授开始铺垫引导:"想当年,我和大家一样青春年少,秀发浓密,从来没有想到今天会秃头,因为我当初根本就不是秃顶。"教室里又是一片笑声,教授见时候已到,于是步入正题:"所以我开始设问,青丝如你的我,如果头上脱落了一根头发,你能说我就变成秃头了吗?"

学生异口同声地回答:"只减少一根头发,当然不会变成秃头啦。"

教授:"好,我总结一下大家的结论,得出下面的命题:'如果一个人不是秃头,那么他减少一根头发仍不是秃头',是这意思吗?"

学生:"是。"

教授开始得意了:"我年轻时并不谢顶,后来随着年龄的增大,是头发一根根减少才导致今天的秃顶。但根据刚才大家认同的命题,我每掉一根头发,都不应该称为秃头。这样经有限次头发的减少,实际上是使用了命题'有限次',结论显然应该是:'今天我仍不是秃头',可我现在的确是秃顶,这不是前后矛盾吗?"

学生们显然也没有想到教授有意为之的推断。大家都陷入无法解脱的思考中,但始终没人能找出老教授叙述中的漏洞。看得出来,教授是有备而来,他早就精心准备了这个意味深长的问题。

上述案例中,学生的感悟是从教授不漂亮的长相开始的,整堂课,教授教得漂亮,学生学得漂亮。

又如与章太炎齐名的国学大师刘师培通常不修边幅,蓬头垢面,衣履不整,看上去活像一个疯子。刘师培以一笔烂字出名,在北大当教授时,他的字被公认为倒数第一,他最怕在黑板上写字,不得已偶尔写一二字,也多是残缺不全。但他讲课总是两手空空,不带片纸只字,讲起课来却是信手拈来。哲学家冯友兰回忆当时上课的情形:"当时觉得他的水平确实高,像个老教授的样子,虽然他当时还是中年。他上课既不带书,也不带卡片,随便谈起来,就头头是道。援引资料,都是随口背诵。当时学生都很佩服。"1917年蔡元培出任北大校长,力排众议聘刘师培为文科教授。

由此可见,教师的"漂亮"所包含的内容是很广泛的,从容貌到态度,从服装到打扮,从风度到气质,从学问到思想。并且,各个阶段的学生对漂亮的认识也不尽相同:幼儿园小朋友喜欢老师年轻漂亮,穿着漂亮的衣服,和蔼可亲;小学生喜欢老师面貌端庄,循循诱导又富含耐心似"知心姐姐";中学生喜欢男老师有"二气",既要长相帅气,俊朗挺拔"卖相"好,又要有"才气",知识渊博,讲课有条理饱含激情;大学生喜欢老师拥有广博的学识,睿智的头脑,有谦恭儒雅的学者风度。其中,处于青春期的学生,常常会将喜欢的老师作为崇拜的对象。

在学校中,学生不断更新着对教师"漂亮"的认识。在家庭中,学生对母亲的"漂亮"又有怎样的认识呢? 下面的案例,一位教师就以此为话题,设计了一个意味深长的教育体验活动——

案 例

妈妈的最丑与最美①

回家找找妈妈身上最难看的地方,这是老师给学生布置的家庭作业。第二天的班会上,老师让大家都说说,可同学们谁都不愿第一个开口。

老师说,那我先谈谈。昨天我回去看了我妈妈,她看见我很开心,佝偻着背,在厨房里忙活,让人看了很心痛。妈妈年轻时,腰杆笔直,身材修长,腰曾是她身上最好看的地方,现在却成了最难看的地方。老师的话像石子投入水中,一石激起千层浪,孩子们叽叽喳喳地谈开了。

一个男孩说,昨晚吃过晚饭,妈妈和以往一样在厨房里刷碗,我就站在一边盯着她看,想找到她身上最难看的地方。妈妈看见我盯着她,便拉着我走出厨房,我摸到妈妈刚刷过碗的手,又粗糙又油腻。于是我想,手便是妈妈身上最难看的地方。

① 来源:《课外阅读》2011年第19期,作者:麦父

另一个男孩说,我妈妈最难看的是她的罗圈腿。听到罗圈腿,孩子们都笑了。男孩红着脸继续说,我妈妈在纺织厂上班,工作时都是站着,一站就是几个小时,所以她的腿慢慢就变成了罗圈腿。说完,男孩又补了一句,虽然妈妈的罗圈腿很难看,但我还是最爱她。

一个女孩说,我妈妈最难看的是脸上的一道疤。那道疤让她看起来很凶,所以我总不愿和她一起出门。有一次我和她吵起来了,因为我觉得她脸上的那道疤让我难堪。那回爸爸第一次揍了我,他说那是因为我小时候淘气,妈妈在保护我时自己的脸被扎破了,才留下了疤。女孩的声音哽咽起来。

另外两个女孩同时站了起来。这对双胞胎说,我们妈妈身上最难看的地方是她的肚皮。前几天,我们和妈妈一起洗澡,发现她的肚皮皱得跟揉成一团的纸一样。我们好奇地问她的肚皮怎么这么难看。妈妈说,那是我们撑的。妈妈解释后,我们才明白,那叫妊娠纹,每个妈妈的肚皮上都有。但因为我们是双胞胎,所以妈妈怀孕时肚子就特别大,后来留下的妊娠纹也就特别重。全班鸦雀无声。双胞胎姐妹说,我们觉得妈妈身上的妊娠纹,是她身上最难看的地方,也是最美丽、最神圣的地方。

再进一步思考,我又产生一种莫名的悲哀:我们的会课比赛似乎正在走入一个太重教师外表的怪圈,都在不约而同地进行着选美比赛。我们不禁要问,是不是长得不漂亮的教师就上不出漂亮的课了呢? 答案:不是。哪怕教师的容貌的确会影响学生的学习,我们也不妨多研究一下长相一般的教师是怎样上出漂亮的课来的,从而把会课比赛的看点放在提高教师素质和教学艺术这一根本性的问题上来。

二、教师应该更看好学生学得漂亮

前面讨论的是教师的漂亮对学生的影响这一话题。反过来,我们的教师是否更喜欢长得漂亮的学生呢? 答案也是肯定的。爱美之心,人皆有之,漂亮的学生更容易得到教师的青睐,由此漂亮的学生会更加自信,学习成绩也往往更好。

调查发现:在生活中,有魅力男人的薪水比普通男人高 9%,有魅力女人的薪水比普通女人高4％。"长相非常一般甚至更差的人,工资水平较为低下。"①之前很多研究致力于探讨工作中的性别歧视或者种族歧视,这是学者们首次对劳动市场中的长相歧视进行研究。教育中,往往不仅存在着智力歧视,教师大多喜欢聪明的学生,也存在着性别歧视,教师大多喜欢女生,同时也存在着性格歧视,教师大多喜欢乖巧的学生,而且同样存在着长相歧视,教师大多喜欢漂亮的学生。在教师的关爱下,漂亮学生得到的关注也就会更多一些。

智慧的教师应该明白这一人性的弱点,对学生,不论漂亮与否,都应该一视同仁,不能另眼相待,防止被漂亮左右了自己教育的公正。如果要偏心的话,我认为教师应该对不漂亮的学生多一些关爱,因为他们更容易产生自卑心理。对漂亮的学生,教师关爱的极端是溺爱,学生自信的极端是自傲,他们很容易目空一切,以为有了漂亮就有了一切,对此教师也要加强警惕和正确引导。

一般来说,长得不漂亮的学生大多更会图强,学得不漂亮的学生大多更想图变,以自己的灵气和志气来弥补天姿的不佳或天资的不足,于是就有了一些成功的例子。然而,这些不漂亮孩子的漂亮人生,由于媒体宣传的不到位和受体认识的不到位,可能会像下面案例中那样造成一些不漂亮孩子的错误偏见,这需要家长或教师对他们进行正确的引导。一是让他们认识到不漂亮的孩子需要付出更大的努力,二是让他们认识到先天的不足可以用后天的修养来弥补,自己可以不漂亮,但不可以没有灵气。

案例

"闺女,你不是周冬雨"①

我闺女是名高一学生。期末考试,她再次兵败滑铁卢,总分750分,只考了316分。对于这么惨不忍睹的成绩,她居然一脸无所谓,一边扯着五音不全的嗓子喊着不知名的歌,一边充当着南方某卫视频道的骨灰级粉丝。

---

① 参考:美国俄亥俄州州立大学经济学教授杰伊·萨科奇发起的研究
② 来源:《花季雨季·阅读与作文》2012年第5期,作者:孙建勇

我忧心如焚，问："闺女，这样下去，你将怎么办？"

然而，闺女并不在意我的担心，却反问我："知道周冬雨吗？"

"知道，一个演电影的小姑娘。"我回答。

"漂亮吗？"

"不怎么漂亮。"

"知道她高考分数吗？"

"网上说是286分，得分率仅为38.1%。"

"这就对了，"闺女得意地说，"一个文化低且不怎么漂亮的女孩儿都能够成功，那你对我又有什么可担心的？"

听得出来，这是典型的"皇帝轮流做，明日到我家"的思维，看见人家中大奖就以为下一个肯定是自己。哦，谢天谢地，我终于知道闺女的症结所在。于是，我向闺女讲了个真实的故事。

在我主持的一次代课老师招聘会上，来了两个女孩，皆系某学院英语系毕业生，其中一个女孩身材苗条，容貌姣好，另一个女孩矮小黑瘦，相貌平平。漂亮女孩有一个高大男生做保镖，相比之下，黑瘦女孩形单影只，显出几分凄凉。我的恻隐之心油然而生，便有意让美丽女孩首先上台试讲，留给黑瘦女孩更多准备的时间。结果，两个女孩都有不错表现，不相上下。而我只能选择一个。我有两个助手，一男一女。究竟选谁，他们存在着分歧。男助手认为应该选漂亮的女孩，理由是美丽终归是沟通、交流的润滑剂。女助手则有自己的看法，她觉得应该选相貌平平的女孩，理由是姿色平庸的女孩肯定会用勤奋来弥补不足。两种意见都有道理。

讲到这里，我问闺女："你说究竟该怎么选？"

闺女摇着头说："不好选。"

我告诉了女儿我们的答案："选择美丽！瘦女孩失败的真正原因，不是容颜而是表现，她没有让自己的表现达到极致。道理很简单，在同样的土地上，鲜花总比蒿草更容易被人看中，除非蒿草将自己生命的精彩发挥到极致，达到'芳草碧连天'的境界。"

看到闺女听进去了，我进一步说："弱势竞争者只有将精彩表现到极致，才可能赢得成功。这也就是周冬雨成功的秘密。是的，她文化课成绩很糟糕，在三位最后入围者中长得也不怎么美丽，但是她秀气，有灵气，尤其是周冬雨把清纯演到了极致,所以才极有魅力。"

闺女认真聆听着。我趁热打铁地说:"闺女,你要学周冬雨,当然没错。问题是究竟要学她什么。不是学她的风光,而是要学她的风采,也就是把精彩表现到极致的那种风采。当然,你毕竟不是周冬雨,没有她的秀气,也没有她的灵气,但是,你有你自己的特点,你应该努力增长你的才气。有了才气,你将来才可能迎来'把精彩表现到极致'的运气。"

闺女听后,没有说什么,关掉了电视,进了自己的房间。不一会儿,我听到房间传来闺女的诵读之声。

综上所述,如果说教师的美貌可以养眼,很容易打动学生,那么教师的美德则能养心,最容易感动学生。也就是说,外貌虽美但心灵不美的教师是很难带好学生,反之,外貌不美但心灵却美的教师是能够带好学生的。在现实教育中,这样的例子很多很多。对学生也是如此,教师应该把视线放在学生的内在美上。

10　学生的好好学习需要教师的好好说话

说话是一门艺术，作为教师，语言尤其重要，它是传递思想信息和知识信息的媒介。苏霍姆林斯基指出："教育的艺术首先包括谈话的艺术。""教师的语言修养在很大程度上决定着学生在课堂上脑力劳动的效率。"所以，聪明的教师对自己的语词、语法、语气会非常敏感和讲究，注重说话的艺术，让学生听得懂、听得进、听得好。

一、教师要能少说话，提高说话的含金量

上帝给我们两只耳朵、一张嘴巴，目的就是让我们多听少说。教师说得少，才能听得多，才能让学生说得多，而且还能赢得学生的人缘，就像著名励志大师戴尔·卡耐基说的那样："专心听别人讲话，是我们所能给予别人最大的赞美，也是赢得别人欢迎的最佳途径。"美国心理学家斯坦纳提出了交往中的斯坦纳定理：在哪里说得愈少，在哪里听到的就愈多。只有耐心地倾听别人，才能更好地理解别人，说得过多反而成为人际交往的障碍，教育中的师生之间的人际交往同样如此。

著名记者马可逊访问过不少成功人士，他说过："许多人不能给人留下好印象，是由于他们不注意倾听别人的谈话。这些人只关心自己要说什么，却从不打开耳朵听听别人所说的。"曾经在杂志上看到这样一个故事——

美国有一家电话公司，碰到一个很难对付的客户，这位客户不满意电话公司的服务质量，写信给报社、消费者协会，到处说电话公司的各种不好……

电话公司派人去劝说对方不要继续闹下去。尽管被派去的人思维敏

捷、口才很好,尽管他擅长摆事实,讲道理,把对方说得愧疚难当,无言以对,但是,他无法消除客户内心的不满和愤怒,客户闹得更加厉害。

　　无奈之下,电话公司又派去了一个调解员。当客户怒斥电话公司及相关人员时,他没有据理力争,而是静静地听着,同时用"是"、"嗯"等词作简单的回应,对客户的遭遇表示同情,让他尽量把不满发泄出来。

　　客户唠叨了三个小时,调解员倾听了三个小时。此后,调解员还登过两次门,继续听客户发泄不满。当调解员第四次上门倾听时,客户对调解员以礼相待。他表示不会继续追究下去了,他将撤销向有关部门的申诉。

　　说得太多就能劝服别人吗?答案通常是否定的,至少这个故事告诉我们,在与人交往时,说话多并不一定有说服力。正所谓"过犹不及",与其滔滔不绝地表述自己的观点,不如给别人多一点说话的机会,做一个忠实的倾听者。

　　笔者曾在某杂志中看到这样一句话:很多人找医生,并不只是为了看病,他们所要的,有时候不过是个静静的聆听者。在教育中,当学生有心结时,教师就要做这样善于倾听的医生,耐心地听学生诉说困惑、苦闷甚至愤恨,说出来了,学生的心也就通畅一半了。所以,让学生尽情地说也是一种很好的思想疏导方法。

　　中国画的最高境界,在于水墨留余白。中国话的最高境界,在于话音留三分。有些话,想说五句,其实只两句对方便明白意思,说多了,对方反会腻。在教育中,教师的话语很多是重复的废话。另外,教师说的话多未必就好。一是言多必烦,二是言多必失。学生听多了,会产生心理抑制,感觉教师说话啰唆和唠叨,不愿意听。于是,许多教师会碰到这样奇怪的现象——"这个事情、这个知识、这个要求明明自己说了几遍,怎么你还没听清、记住呢?"其原因不过如此。所以,很多情况下,说几遍不如说一遍有效,例如"对于这个知识点,老师只讲一遍,以后将不再讲!请现在就选择一个最佳的听课姿势,洗耳恭听!"学生不得不聚精会神地专心听讲,唯恐听漏一个字。有人曾做过实验,将常态下的听课质量和"一遍效应"下的听课质量进行检测,发现"一遍效应"下学生的正确率达95%以上。正是因为教师的不再讲,才使学生分外地珍惜这一遍的讲。在布置作业时,在学习知识时,在提出要求时,教师也不妨利用好这种"一遍效应",迫使学生专注学习(边际效用递减在教育中的应用实验)。

　　交往之道,皆是这样:两人交往,谁的话越多,他的话在对方心里越没分量。

真正有分量的人,只会讲有分量的话。一个敢于少讲话的人,必定是对自己话中传达的威力有信心的人。信少,所以言多;威重,故而言贵。有人说,如果要让一个人讨厌你,那么你只需要对他不停地说话。由此可见,多说话会破坏一个人对你的好印象。教师应该做到惜字如金、要言不烦,使自己的话有分量,这样在学生的心目中才能做到一个有分量的人,你的教学才会有分量。要做到这样,教师就必须达到话要投"机",说在知识的点子上,说在问题的关键处,说在学生的心坎里。一遍能说明白的,绝不说第二遍;学生能自己弄明白的,一遍都不说;学生自己会说的,就让学生说。少说和不说,给了学生思考的时间和空间,也就给了学生自主学习的可能。

二、教师要能会说话,提高说话的艺术性

一个人会不会说话,关系着说话的水平、说话的艺术和说话的风格。在教育教学中,或许我们的教师认为知识道理只需要直言相告,想说什么就说什么,想怎么说就怎么说,不必太讲究说话的艺术,这种观点是不对的。因为学生的心智发育还不健全,有时教师的直言不讳可能会让学生听起来不舒畅和不舒服。特别在学生与你有不同观点时,你绕着说可能要比直着说效果更好。

案例

"这不都同意嘛!"

有一次上课,一位教师很民主地问全班学生:"回答问题我们点名好不好?"结果遭遇学生戏弄性的一致反对:"不好。"面对这样的尴尬,教师没有挂不住脸,而是急中生智,改问女生:"点名提问男生好不好?"女生很高兴地回答道:"好。"教师又问男生:"点名提问女生好不好?"男生也很高兴地回答道:"好。"教师总结说道:"这不都同意嘛!"学生面面相觑,佩服教师说话水平之余欣然接受大家一致通过的点名提问这一事实。

上述事件中,教师的民主真正获得了民"主",学生的观点并没有与教师的预想

一致的原因在于许多学生的世界开始有了不乖的叛逆,如果教师强制执行原来的计划,那么就等同于宣布自己的民主是假民主,被学生笑话,何况强扭的瓜不甜。所以,教师只能换一种法子、绕一个弯子,"诱使"学生走入自己设置的棋局之中。面对教师的高招,学生心悦诚服。

如果说上述生成性事件是学生故意而为之,而在现实中,许多生成性事件是学生无意而为之。对此,教师的高明做法依然是巧妙地进行转化,使之能够回到正常的教学轨道上来,从而使生成性问题变为生成性资源。

案例

"为什么受伤的总是女人?"[1]

吴敬琏在一所大学演讲时,有一个女生问了一个非经济学问题:"感情上,为什么受伤的总是女人?"面对这一似乎与正题无关的话题,吴敬琏笑道:"所谓受伤,应该就是投入太多,收益太少,也就是产生了亏损。一个企业亏损,主要的原因应该是缺乏竞争力。如果绝对优势不足的话,就发掘自己的比较优势。比如说,中国企业往欧美国家卖纺织品,自然是手到擒来;如果非要往欧美卖汽车,肯定要受伤了。一个人追求异性的时候也是这样,要找准适合自己的目标,然后展示自己的优势项目,这样才能胜出。还有一种特殊情况,如果一个人不计亏损的话,应该就不会受伤了。不过,要达到这样的境界实在困难,大概只有我们的某些国有企业可以做到。至于为什么受伤的总是女人,那是受伤者为自己的亏损寻找客观上的理由,其实受伤不分男女。"说完,教室里响起开心的笑声和热烈的掌声。

上述事件中,从表面上看,吴敬琏似乎是在回答学生提出的感情问题,实质上却融入了经济学知识,巧妙地绕了一个弯子运用经济学知识来解释学生提出的非经济学问题。

孩子的不乖会给我们制造许多麻烦,让我们感到头疼不已。对此,许多人经常

---

① 来源:《视野》2012 年第 7 期,作者:蒋骁飞

使用的办法就是"逆势疗法",告诫孩子这"不准"那"不准"。这样,虽然效果似乎立竿见影,但孩子未必心服口服。这种看病方法更多是就事论事,根据表象头痛医头脚痛医脚,只能奏效一时。其实,医生还有一种看病的方式是"顺势疗法",也就是找出病理所在,然后针对病灶从根本上解决问题。所以,我们不妨顺着孩子的不乖思考,在不断的思想斗争中,让孩子自悟,使毛病自愈。侯文咏在新星出版社出版的《不乖》一书中写过这样的一段文字——

我们家儿子在很小的时候曾经不写功课,联络簿一拿回家里,常常满篇都被老师写满了红字。为这个,儿子常常和妈妈有意见冲突。后来两个人闹得鸡飞狗跳,妈妈只好请我这个爸爸出面处理。

很多家长处理这种事的基本逻辑,就是以完成功课为前提,在这个前提之下,展开威逼利诱。不过,我个人的看法正好相反。在我看来,我的小孩好不容易对他的世界开始有了不乖的叛逆思考,这样的机会我当然不可轻易错过。

我决定换个角度,顺着小孩的思路,以不乖为前提来思考问题。

如果要不乖的话,我们开始讨论:怎样才可以不写功课呢?

小孩一开始听到我的议题,当然是一脸狐疑的表情,不过很快他就感受到,我是认真的。没多久,我们就想出了不少办法(虽然儿子觉得不太可行),这些办法包括:

一、我把印章交给他,让他自己在联络簿上盖章。

(小孩问:"可是功课没写,老师如果打电话来问,你会怎么说?"我说:"我当然实话实说,说章是你自己盖的。我可不能帮你说谎。"这个提议立刻就胎死腹中了。)

二、或者,我打电话请老师允许他不写功课。

(小孩问:"全班只有我一个人不写功课,同学会怎么看?"我说:"别的同学要怎么看你,我实在无能为力。再不然,我打电话给所有的家长,请他们叮咛他们的小孩,去学校不可以嘲笑你。"当然,这个提议也出局了。)

三、最后,我们又想出了一个办法:根据"没有盲肠就没有盲肠炎"的外科法则,如果不上学,也就没有功课了。(我表示可以向教育局提出在家自主学习的申请,这样他不用去学校上学,也就没有功课,更没有盖章或者是同学看法的问题了。)

儿子听了，似乎觉得这个方案有可行之处，不过为慎重起见，他希望我让他考虑三天。

我欣然同意。

在这三天的时间之内，他到处打电话咨询亲友团的意见。亲友们当然大部分都不赞成只为了不写功课就不去学校上学。由于他这么到处打电话，同一时间，我也接到不少关切的电话(包括我亲爱的老妈)，承受了不少压力，但我决定保持沉默。

就这样过了三天。

三天后，在晚餐桌上，他郑重地向我们宣布，经过慎重考虑，他决定——

还是要去学校上学。

"为什么是这样的决定呢?"妈妈问。

"我想，学校有很多同学，不但如此，学校还可以培养我们德、智、体、群各方面……"这可有趣了，听起来完全像是校长在升旗台上讲话的口气。

"所以?"

"所以，我想我还是去上学好了。"

"那不想写功课怎么办?"我问。

"其实功课没有那么麻烦啦。"

"搞了半天，"我抱怨，"什么都没有不一样嘛。"

"虽然外表看起来差不多，"他指着脑袋瓜说，"可这里不一样。"

"有什么不一样? 我看不出来啊。"

"你当然看不出来，"他说，"可是真的不一样。因为，我想过了。"

由此可见，我们说话时设定的语境和采用的语气不同，说话所取得的效果也不同。此时，说话时包含的语词不同，也会影响说话的效果。如我们在语言运用中，少用关联词，或者改用关联词，会表现出不同的语气和语义。曾经看到一篇题为《完美的表达》的文章——

哈罗德·孔茨是美国当代最为著名的管理学家和演说家。1936年，哈罗德在大学毕业后进入了曼哈顿的一家电器公司工作，这家公司开始几年运行还不错，但后来却连连走下坡，人才也不断流失。问题究竟出在了哪儿呢？

有一次，老板来到车间里巡察，他在一名快手员工旁边观察了一会儿说："我对你的工作速度非常满意，但是如果你能再仔细一点，你的表现肯定会更好！"那位本以为会得到表扬的员工沮丧地站在那里，不知所措。

老板来到销售部，他看了看账表后欣喜地说："我对大家的表现非常满意，但是如果工作方法也能加以改进，业绩一定会上升得更好！"老板离开后，销售部主任非常不开心，他对着手下的销售员们发起了牢骚，我们努力创造出了好业绩，但老板居然还批评我们。

此情此景，让哈罗德明白了一些什么，他跑到办公室对老板说："我找到公司业绩每况愈下的病因了，那都是你不正确的表达方式所导致的！"

"前两天我听见你对一名快手员工说的话和对销售部的同事们说的话，是不是在批评他们？"

"怎么可能？我看见他们的表现好，非常高兴，我只是在表扬他们的同时，鼓励和提醒他们要更加仔细，更加注意改进工作方法！"老板说。

哈罗德说："我们在批评他人的时候，为了能够使对方接受，通常会先表扬对方，然后再转到想批评的关键处。如我想批评我的孩子走路太慢，我就会说'你走路很稳这是好的，但是你如果能注意一下速度应该会更好'，这时的表扬只是批评的引子，而重点则是批评。同样的道理，你对员工们说的，尽管你是想在表扬的同时，鼓励和提醒大家要注意推销的方式，可'但是'这两个字却把你的鼓励变成了批评，伤害到了员工们！现在，你不妨把'但是'两个字去掉试试看？"

"我对大家的表现非常满意，如果工作方法也加以改进，业绩一定会上升得更好……"听了哈罗德的话，老板默念了几遍后，兴奋地说，"果然去掉了'但是'两个字，就不再是批评，而是完全的鼓励和提醒了！"

上述故事对我们教育的启发是，教师要慎用关联词语"但是"，特别对一些敏感的学生更应注意，要让学生感到教师对自己的提醒是一种提携。因为"但是"后面往往跟着的是一种否定。由此想到,在教育中,我们还经常看到使用"不"字这样的否定词,"不骂人、不打架、不迟到、不早退……"都是在告诉学生"不应该"做什么。一味强调"不",在实际操作中,意味着教师的视线总落在学生的不良言行上,总是对其进行否定性评价,这样的语调不动听。我们应该告诉学生"应该"做什么:路应该这么走、书应该这么读、事应该这么做、话应该这么说……

除了"但是"这一关联词,我们再来看看"如果"这一关联词对说话的影响性。曾经在杂志上看到一篇题为《生存的要素》的文章——

有一名美国心理医生,写了一本医治各种心理疾病的专著。"这本书有 1000 多页,里面有治疗各种心理疾病的方法 3000 种、药物 10000 类,但所有的内容,概括起来却只有几个字。"他总是这样说。

学生们纷纷投之以惊愕的目光。于是他转身在黑板上写下了"如果……下一次……"

他继续说道:"事实上,许多人备受精神折磨的原因都是'如果'这两个字,比如'如果我不做那件事'、'如果我当年不娶她'、'如果我当年及时换一份工作'……"

"书中医治方法有几千种,但最终的方法只有一种,那就是把'如果'改为'下一次',比如'下一次我有机会一定那样做'、'下一次我一定不会错过我爱的人'……总之,造成自己心理疾病的,影响自己幸福观念的,有时候并不是因为物质上的贫乏或丰裕,而取决于一个人的心境的改变。如果心灵浸泡在后悔和遗憾的水中,痛苦就必然会牢牢占据你的整个心灵。"

在教育中,当学生做错了事情,或者错过了某些事情时,如果已经意识到了自己的过错或者错过,那么此时我们就不必旧事重提,别让学生的思想浸泡在"如果"的后悔和遗憾的过去时中,而应该让学生积极行动起来,努力改变自己,以求在"下一次"的将来时中有一个更好的表现,这样的教育才是"有前途"的。如果学生做错了事情还没有意识到自己应该怎么做时,作为旁观者的你是可以使用"如果"这个关联词,告诉学生"如果是我,会这么做……"这种以第三者的语气婉转地对学生提出参考性建议。

除了说话的角度和说话的用词,说话的时间和说话的顺序也会产生不同的语言效果。如果你有两个好消息,你是一起说还是分开说? 如一个学生这次不仅数学考了高分,而且老师同学还一致对他前天组织的班级活动给予了高度评价,如果你迫不及待地把这两个好消息一口气告诉这名学生,他当然会高兴和骄傲。不过你有没有想过,把这两个好消息隔开一段时间,分两次告诉这名学生会怎样? 同理,如果你计划送给学生两件礼物,一本书和一张光盘,你把礼物一起送给了这名学生,他高兴地感谢了你。不过你有没有试过,送完一件后过一会儿再拿出另一件送给他会怎样?

你一定会问,为什么要这么做呢? 因为,心理学研究表明,人分两次听到好消息后获得的快乐,比一次听到两个好消息获得的快乐要大。

下面再来说说坏消息。例如,在一次考试中,一名学生的语文和数学都考砸了,你是分开告诉他还是一起告诉他呢? 其实,你应该把两个坏消息一起向学生交代。因为学生分两次听到两个坏消息比一次听到两个坏消息更不高兴、更受打击。虽然说人都不喜欢"雪上加霜"或是"火上浇油",但在能承受的限度内,对很多人来说还是快刀斩乱麻更痛快些。

如果有一个大大的好消息和一个小小的坏消息,你又会怎么发布呢? 答案是:你应该一起说。因为坏消息带来的小痛苦会被好消息带来的大高兴所冲淡。相反,如果你有一个大大的坏消息和一个小小的好消息呢? 答案是:你应该分开说。这样,好消息(虽然小)所带给人的高兴不会一下子被坏消息带来的不快所淹没。

如果给你两个选择:①明天去旅游;②等你一个月后期中考试完了再去旅游。你会选择①还是②? 估计许多人都会选择迫不及待地马上出发吧,不愿意再等待。但一名美国经济学家曾经做过一个实验:他告诉一组大学生,他们过一会儿就会见到自己最喜爱的电影明星;而后他告诉另一组学生,他们会在一周后见到自己喜爱的电影明星。实验结果表明,后一组学生的满足程度明显高于前一组。因为他们在那一周的等待时间里,每天都会以十分真实的心态想象自己和电影明星见面的情形,就好像和明星见过许多次面一样了。也就是说,如果有一个学生不仅有有意义而且还有有意思的计划,这样的好事,教师晚说不如早说,会让学生快乐和期盼一阵子。相反,如果这件事情会扰乱学生的心情和打乱学生的学习,那早说不如晚说,把不利影响降到最低。

11 勇敢表现能给学生学习提供"正能量"

曾经在杂志上看到一篇题为《在向善的路上，勇气就是氧气》的文章——

老人拿着皱巴巴的五块钱对好几位打扮体面的行人赔笑说："能换个零钱吗？"他要坐公交车。几乎所有的人都冷漠地说："没有。"

老先生碰壁后又向更远一名小姑娘请求："你有五块零钱吗？"小姑娘不假思索地将手伸进包里，结果不够五块，只有 4 个 1 元硬币。老人很失望。

小姑娘忽然觉悟，拿出 1 元，递到老人的手里，赠他，然后躲开，站在一旁。

老人欣喜，然后觉得不妥，忙不迭地说："你看这咋成呢？"于是，上前一步，准备把钱还给小姑娘，小姑娘见大家的目光齐刷刷向自己聚焦，害羞地继续退后一步道："没事儿，没事儿。"老人更不好意思了，仿佛是急中生智："要不，还是我把 5 元给你，你给我 4 枚硬币就好。"

小姑娘等的车来了，摆着手，羞愧似的，逃一般地上车了。

我很理解那个小姑娘。有时，做好事会莫名其妙地感到羞怯。记得小时候坐公交车，看老人离自己比较远，也不好意思自告奋勇站起来去帮扶其过来，有一种说不清楚的心理负担，怕被别人暗地里讥笑就我是好人。

一名小学教师给班里的孩子布置了一道作业，给每个学生一元钱，要求他们用这一元钱去做一件好事。第二天总结，只有 20% 的学生把钱用掉了，做成了好事；剩下的人原封不动地把钱拿了回来，不知道怎么出手……当问做好事的学生怎用钱时,多数孩子都说把钱直接给了乞丐;再问那些把钱拿回来的孩子为什么没做好事时,他们回答说:"因为不好意思给人钱!"

无意中我们常常把自己伪装成一个冷漠的人,而不敢做真的乐于助人的自己。不好意思做好事,在乎别人对你行为的看法,觉得没有面子是自私的一种;而做好事情不好意思,则是太关注自己而忽略别人的表现。

一、每个人都怀有"约拿情结"

这种想做而不敢做是每个人心中的"约拿情结"。约拿是圣经《旧约》里的一个人物,他是亚米太的儿子,也是一名虔诚的基督教徒,并且一直渴望能够得到神的差遣。有一天,神终于交给他一个光荣的任务:以神的旨意去宣布赦免一座本来要被罪行毁灭的城市——尼尼微城。可是约拿却畏惧了,他逃避了这个任务。直到耶和华寻找他、唤醒他、惩戒他,甚至让一条大鱼吞了他,约拿才在几经反复和犹疑后终于悔改,去完成他的使命。

案例

进退两难的犹豫①

看着黄蓓蓓娟秀的字体,我心里却无法高兴起来。"我可以写出优秀的作文,可是却无法写出像她这样漂亮的字。"这样想着想着,我忽然羡慕起黄蓓蓓来。

高二那年,班里推荐我和黄蓓蓓一起参加校演讲比赛。我非常高兴能拿到演讲比赛的入场券,但高兴之余,又涌出几分担心:"为什么班主任会让我去呢?是不是因为班主任不重视这次比赛,对比赛拿奖不抱希望呢?我能比黄蓓蓓更出色地完成这次演讲吗?我能拿到奖吗?"几天过去了,我的演讲稿依然没有进展,越是想写好,就越是没有头绪,我着急得连上课都在想怎样才能写好演讲稿。

一天,班主任把我和黄蓓蓓叫到办公室里,想看看我俩的准备情况如何。班主任指出我演讲稿的不足之处,并提出了修改建议。我看着被圈圈点点的演讲稿,想

---

① 来源:《知识窗》2012年第2期,作者:短碎发

着要在那么多陌生人面前开口说话,心里"咯噔"一下没了底,于是轻声对班主任说:"老师,我不想参加演讲比赛了。"说完,缓缓低下头去。班主任和黄蓓蓓都惊讶极了,齐刷刷地盯着我。"我害怕在陌生人面前开口说话,更别说这次是演讲了。老师,黄蓓蓓的演讲稿写得很好,口才也好,你让她参加吧。就算我去参加,拿奖的希望也很渺茫。"

"你想好了,真打算不参加演讲了吗?"图书馆里,黄蓓蓓递给我一张纸条。我看到纸条上漂亮的字体,心里顿时又涌起了自卑和羡慕交杂的感觉,匆匆地回了张纸条,又低头假装看书。黄蓓蓓又递来张纸条,写着:"我们期待成功,却又害怕迎接成功;我们在渴望成长,却又在内心极力拒绝。做任何事情,只要能勇敢地面对自己,你就战胜了所有人。"我看着这张纸条,若有所思。

"我曾经羡慕别人能写出漂亮的字,羡慕别人能做优秀的演讲。羡慕的同时,我忘了自己的优点——我的作文经常被当作范文。我用显微镜看自己的短处,用放大镜看别人的长处。久而久之,我越来越畏惧成长,既渴望又害怕成功。我的朋友,也是这场演讲比赛的竞争对手之一,她告诉我,只要能勇敢地面对自己,你就战胜了所有人。我很庆幸我的选择,我做到了勇敢地面对自己,站在了这里……"演讲比赛中,我真挚情感的流露,引来了听众的阵阵掌声。

上帝要约拿到尼尼微城传话,这本是一个崇高的使命和很高的荣誉,也是约拿平素所向往的。然而,一旦理想成为了现实,他又产生了畏惧心理,害怕自己不行,想回避即将到来的成功,想推却突然降临的荣誉。所以,"约拿"这个词就被用来指代那些渴望成长,却又因为某些内在阻碍,而害怕成长的人。而这种在成功面前的畏惧心理,就是"约拿情结"。

"约拿情结"告诉我们:成功源自克服内心的成长障碍。在人生前进的道路上,除了我们自己,还能有谁能够打败我们呢!在教育中,我们不仅要培养学生的智商,还要培养学生的胆商。研究表明:一个人能否胜任一件事,85%取决于态度,15%取决于智力。胆商(DQ)是一个人胆量、胆识、胆略的度量,体现了一种冒险精神(这项研究结果来自"杜根定律")。

每个人心中都有"约拿情结",缺乏表现自己和表达自己的勇气,性格内向的人尤甚。对性格内向的学生,教师应该注意自己的思想倾向和行为导向,不要过多地表现出自己喜欢性格外向的学生,让这些内向的学生感到自弱和自卑。其实,性格是内向还是外向并无好与坏,这是教师应该知道的,并且还应该让那些内向的学生知道,性格内向的人同样能获得成就,从而能够正视自己的性格。

苏珊·凯恩毕业于普林斯顿大学和哈佛大学法学院,曾经是一名出色的律师,她说当初之所以选择做律师,就是为了证明性格内向的人也能干好这一行。但她后来意识到,不需要努力让自己显得外向,内向的性格也能成就伟大的事业。她关于内向的专著名叫《安静:内向者在一个滔滔不绝的世界中的力量》。凯恩认为,现在社会过于推崇外向性格,无论是教育还是公司布局都是外向导向的,这给内向者造成了很大的压力,不利于他们潜能的发挥。现在人们经常说,想有所成就必须大胆,想快乐必须合群,因此很多人被迫假装自己性格外向。

1921年,心理学家卡尔·荣格出版了《心理类型》一书,内向和外向变得流行起来。荣格说,内向者会受到内心的思考与感受的世界的吸引,外向者会受人与活动等外在生活的吸引。外向的人更喜欢行动而非思考,喜欢冒险而非小心谨慎。而一些伟大的思想、艺术和发明,从进化论到凡·高的《向日葵》和个人电脑,都出自内向的人之手。没有内向的人,世界上就不会有万有引力定律、相对论,不会有叶芝的"二次圣临"、肖邦的小夜曲、普鲁斯特的《追忆似水年华》,不会有彼得·潘,奥威尔的《1984》和《动物农场》,《辛德勒的名单》、谷歌、"哈利·波特"系列。即使在不那么明显的内向的职业如金融、政治和社会运动中,一些最伟大的突破也是内向者做出的。戈尔、巴菲特、甘地都是借助他们的内向而非克服他们的内向做出他们的成就的。

不过,相对而言,内向的孩子要比外向的孩子不太善于表现自己,不太愿意与人交流,我们除了培养他们的胆商,也要寻找合适的交流方式。重庆市29中举行的全国教育科学"十一五"规划课题"新媒体时代下的学校德育途径与策略研究"成果显示,当老师尝试通过QQ进行德育教育实践时,孩子们更加健谈了。陈翔老师对一件事印象深刻:高二一名性格内向的女生,与家长闹不和离家出走,始终没有这名女生的下落。结果用QQ登录后,陈翔找到了这名女生。两个人通过QQ聊了两个多小时,在网络上,女生向陈翔详尽倾诉了自己的烦恼。陈翔感慨颇深:一个内向腼腆的女孩,在网络世界却变得开朗健谈,一些隐藏于心底的秘密,在网络交流中也变得坦然。

二、每个人都可以"自我确认"

许多学生的畏惧是由于缺乏自信,特别在面对自己的学习短板和性格缺陷时,无法认识到自我的力量。对此,除了加强与学生的交流,我们还可以通过开展一些有针对性的活动以及进行一些有针对性的训练,帮助学生克服畏惧心理,增强自信心。

案 例

"我是最棒的!"①

很多中学请我做讲座,在讲到自信时,我通常会请一名同学上台做自我确认,面对所有同学喊 50 遍"我是最棒的"。根据我的经验,凡是在我讲座中上台喊过 50 遍"我是最棒的"的同学,学习成绩都获得了意想不到的进步。

其中,记忆深刻的是在北京一所中学讲座时,有名同学上台喊了 50 遍"我是最棒的",当时他成绩不过年级 50 名左右,但高考获得了全校第一名的好成绩。

这就是自我确认的力量。这名学生可能从来没有想过自己是不是最棒的问题,但是当他面对全校同学大声说"我是最棒的"时,他就不再畏惧,信心和潜能被激发出来了,他就按"我是最棒的"思维方式和行动力去做了,结果他就成为最棒的了。

每个人都有短板,对于自己的弱点和弱项,我们不能总是回避和逃避,否则只会越来越弱。曾经看到作者张晓凡写的一篇题为《做个朗读者》的文章——

去年年初我报名参加了一个行业内的培训班,我抽签成为我们小组的代表,这下可糗大了。还没有说到重点的时候我就停顿了好几次,支支吾吾,一句话中总会夹杂着"嗯、啊、呀、哦、那个"之类的累赘语气词,特别没底气。这是最让我头痛的毛病,我平时跟朋友们聊天说八卦时好着呢,可是一在公众场合发表自己的正式观点时,我说话就会很不自信。

---

① 来源:http://blog. sina. com. cn/s/blog_783dfc530100vx84. html

　　后来我跟一个朋友聊到这个困扰,朋友建议我说,你为什么不试试朗读呢? 朗读是她的外籍教师教她的方式,她说在国外朗读是一种培养好的语言习惯的活动,和跑步、游泳一样很受欢迎呢。

　　下班回到家之后,我看到了放在书架上的四本美国历届总统和政府要人的演讲词,太好了! 翻开了希拉里的演讲词,第一篇是她的退选演讲,我大声朗读起来,声音越来越激昂,停顿得当,我不一会儿便进入了角色。

　　后来我发现朗读不仅能锻炼语言表达能力,还有很多意外收获。每天早晨慵困地挤着公交车,好不容易到了公司,人却一点儿精神都没有了。这时在空无一人的办公区里,大声朗读一首泰戈尔的诗,坏情绪也没有了。

英国《每日邮报》报道,苏塞克斯大学的研究者发现,朗读的作用简直就跟慢跑差不多,是有助于均匀呼吸的有氧运动,需要随时控制好气息,读到情绪高亢的地方心跳也会跟着加速,锻炼了心脏。所以,对一些内向或自卑的孩子,说话是消除他们思想障碍或心理障碍的好办法,我们应该积极创造机会,例如,在课堂上经常让他们朗读课文、回答问题、代表发言,首先让他们勇敢地说话,然后让他们勇敢地大声说话,接着让他们勇敢地在熟悉的人面前大声说话,最后让他们勇敢地在陌生人面前大声说话,让他们不断挑战自己的极限。我性格也比较内向,比较害羞,也不善言辞,害怕在大庭广众之下发言,为了消除自己的短板,我就在每次听课的时候抢着坐在前排(内向和胆小的人大多会选择坐在后排或角落里),在每次讨论时抢着发言,发言时努力大声说,次数多了,时间久了,也就习以为常了,感到不害怕了,现在虽然还不能出口成章,但出口成段已经不是难事。

👍案 例

背书也是演讲的一种方式①

有些事情不能用常理来解释,就像我一样。我不是一个内向的人,平时和同学

----

① 来源:《知识窗》2012 年第 7 期,作者:易春旺

的关系相当不错，甚至经常开些玩笑。但正是这样一个性格开朗的我，在每周六上午举行的班干部总结会议上都会怯场，满脸涨得通红，说话也结结巴巴，每次发言总是三言两语就匆匆结尾。有几次由于紧张过度，我居然站在讲台上失语，狼狈不堪地退回座位。

很长一段时间里，周六的例行总结会议成了我的梦魇，每次听到"下面，请易春旺同学来做一周的体育活动总结"时，我的脚便开始发软。

同学们开始想方设法都我找出问题所在，甚至想出各种各样的搞怪招数，诸如上台前深吸一口气，上台后做个鬼脸壮胆等。只是这些都没有效果，因为我还没开始做这些动作，他们在台下早已忍不住哄堂大笑了。

邱老师拉着我的手，问我："你平时和同学们交流时很活跃啊！而且你上课回答问题时同样很从容，为什么这就不觉得紧张呢？"

我告诉她，那是在台下，我和同学们是平等沟通，我想到什么就说什么，所以一点都不觉得紧张。

那时候，正在热播《红楼梦》，而我能背出《红楼梦》中所有的诗词。她无意之中听说这个消息后，便在语文课上告诉了全班同学，还问："同学们，你们信不信？"几乎所有的同学都大声地回答："不信。"

"易春旺，没人相信你能！你不会在吹牛吧？"她微笑着问我。同学的回答毫无疑问是对我的不信任，这是我绝对不能容忍的。

"我当然能！"我大声说道。

"那好！你到台上背给大家听！怎么样？"

"背就背！东风吹，战鼓擂，这个世界谁怕谁！"我满脸不屑地走上讲台。然后，对台下的同学们说："随便点一首吧！"

这个过程持续了两个月，第一个月，她让我每星期背一次，一次背一首；到了第二月时，前两个星期每星期让我背两次，每次背两首；第三个星期增加到三次，每次三首。每次，我都得意扬扬地走上讲台，然后得意地背诵诗词，背完后在同学们的赞赏和掌声之中返回座位。不相信我？哼，现在见识我的厉害了吧！

第四个星期的周六上午，班会总结结束后，邱老师问大家："今天，我们欢迎易春旺同学介绍一下自己背诗词的经验好吗？"

在同学们如潮的掌声中，我得意地走上讲台。面对大家，滔滔不绝地讲了将近半个小时。看着同学们仰慕的神情,我心里舒坦极了。

当我演讲结束时,邱老师突然说道:"今天的班会,易春旺是班干部中最后一个发言的,但无疑他的演说是最精彩的!大家说是不是?"同学们拼命鼓掌说:"是!"邱老师高兴地看着我,用力拍着手掌。我好像突然明白了什么,原来这一切都是她和同学们安排好的。他们并不是不相信我的背诵能力,而是利用了我的好胜心理,激励我自觉走上讲台,勇敢面对台下,勇敢地开口说话。

上述案例告诉我们,当学生无法跨过自己心中的那道坎时,教师就应该伸出援手,帮助学生克服自己的心理障碍,以在别人面前能够很好地展现自己。除了在遇到困难时,学生在追求完美时或者在超越自我时,也会产生畏惧和退缩心理,此时,我们需要做的是不忘鼓励他们能够奋勇前进、挑战自己。曾经在《我想遇见你的人生》一书中看到台湾杨照写给孩子的题为《挑战一下自我极限吧》的一段文字——

孩子,老师告诉你有一个机会,可以让你上台替一名临时取消回台演出的钢琴家,演奏肖邦的回旋曲。你断然拒绝了,而且在我和你妈妈试图劝你再想想时,激动地跟我们争辩。

我完全理解你的想法,说老实话,也很高兴你会有那么明确的想法,不再是以前习惯的反应:"不晓得。""都好啦!"……你真的长大了。而且,我也当然要尊重你的想法,因为那是你的音乐,那是你对待音乐的基本态度。到正式演出,只有二十天左右的时间,那是一首你从来没有练过的曲子,你不相信自己能在那么短时间内掌握那不简单的音乐,虽然老师说既然是临时代替,看谱弹奏也没关系,你却坚持正式演出一定要背谱,觉得带谱上台"很丢脸"。

"我能不睡觉,不吃饭,一直练一直练吗?"激动起来,你说出这样夸张的话。听到这样的表达,我决定不再多说什么,因为你对于不能在台上呈现自己满意音乐的担忧,已经超过一切,那样的情况下,你听不进其他的。

等你心情平复了,我希望你能听听我的解释。你妈妈和我,其实只有一个很简单的想法,我们觉得这是个你应该考虑的机会,不是因为那场演出可以带来多大的光彩,不,我们没有那么虚荣。我们想的是:在如此特殊的情境下,也许你会有兴趣挑战一下自己的极限。

　　我是个喜欢挑战自己极限的人。成长的过程中,我享受过许多这种挑战带来的乐趣,也借由这种挑战让自己多一些原本以为自己不可以拥有的能力。小时候坚持不预先准备,不猜题背稿,去参加即席演讲比赛,逼自己真正从抽出题目的那一刻才开始想,十分钟后上台去讲五分钟的话。那十分钟多么可怕!感觉脑袋一片空白,根本不晓得该怎么想,只剩下"怎么讲、怎么讲"的焦虑问题连续反复出现,但是十分钟后,我强迫自己开口了。从此之后,我知道自己有能力可以一边想一边讲,还能讲出有条理、有内容的话。我也曾经在博士考试前,决定赶文学奖征文截止期限,写出一部十万字以上的长篇小说。平均每天写八千字,然后还要复习博士考试的四大范围。就这样,小说写完了,博士考试也考过了,那种快乐,至今难忘。绝对和安排充分时间准备考试,另外慢慢写完一本小说的感觉,大不相同。

　　绝对没有要你草率,更不可能要让你上台出丑。我要的,只是或许你会想想这个庞大挑战,感受一种小小日常英雄的兴奋:"哇,也许我有机会做到这样的事呢!"或许你会在应对挑战的过程中,重新认识、评估自己:"啊,原来我也可以用另外这种方式练琴、背谱!"或许你会在完成这件事时,呼一口气,对自己说:"嗯,这当然不是最好的,但我尽力了。"

　　你能了解我这样的想法吗?

　　在学校中,还有一种让一些学生感到自卑和痛苦的就是自己的学习偏科,教师也常常会认为这些学生的偏科是他们不重视造成的,或者是他们个人的兴趣偏好造成的,或者是他们的性格差异造成的。但英、美科学家却认为,正确的答案应该是,大脑某些区域出现问题造成的。

　　英、美科学家分别发现,数学和语言功能分别由大脑不同区域负责着,其中的语言能力就源自我们大脑的大部分区域。当我们阅读时,位于大脑后侧与事物认知有关的部分会变得活跃起来,大脑顶区和额区也开始活动。这些区域共同合作,才能解析出文字的读音和语义。而人产生计算能力的大脑区域,主要位于头顶后方的顶内沟,那应当是大脑的"数学中心"。如果大脑的相关区域出现问题,人们就会出现语言学习或数学学习障碍,就会表现为学习偏科。科学家还发现,这种偏科现象有遗传因素的影响。以数学偏科的人为例,同卵双胞胎都出现偏科现象的概率约为 60%。而且这种有明显偏科现象的人,在全球人口中,也占有一定的比例,如偏好语文的人约占全球人口的 5%,偏好数学的人约占 6%。[①]

明白了这样的科学道理,我们就会理解学生的偏科现象,当然,在理解的同时,我们应该帮助和鼓励学生有足够的勇气去挑战自己的学习弱项,挑战自己的生理极限,努力克服自己的偏科现象。因为科学家指出,有这种严重偏科现象的人也未必对他们不喜欢的功课一窍不通,而且事实也证明,从小对学生的弱项学科进行重点辅导,非常有助于他们消除这种不正常的偏科现象。并且随着研究的深入,治疗大脑这方面先天不足的药物也会问世。到那时,严重偏科的现象,将少之又少了。

最近流行一个词语叫"正能量"。"正能量"本是物理学名词,物质能量如果大于真空即为正,反之则为负。科学很深奥,但这个词流行起来的字面意思一看就懂:给人希望、力量和勇气的积极情绪,就是正能量。把这个词借用到教育中,那就是我们的教师应该多给学生一些充满勇气的"正能量"。

---

① 参考:学习偏科,谁之过?《大科技(科学之谜)》2012 年第 5 期,作者:路爱道

12 "照镜子"可以照出教育生活的美丽

曾经看到一篇题为《一张"生气"的脸》的文章——

唐朝大臣秦南遭到五六个大臣的联合弹劾，皇上下旨将他发配边远地区。秦南百思不得其解，他对同事一直恭恭敬敬，做事一直勤勤恳恳，工作上没有犯过什么错误，也没有得罪过什么人，为什么现在竟然有不少人联合起来整自己？

一个老朋友来看望他："在遭弹劾之前，您也遇到了什么烦心事吧？"

"没有哇！"秦南摇了摇头说。

"可您的脸色近半年来一直非常难看，看起来总是一副生气的样子。这是为什么？"

秦南拿来一面铜镜一照，果然发现镜子里的自己，绷着脸、皱着眉，一副怒气冲冲的样子。他试图改变一下表情，但他的微笑看起来就像是冷笑，令人更加难以接受。

"你这样的脸色，无论让谁也看不顺眼、看不顺心呐！"最后，朋友对秦南说道。

秦南猛然想起半年前的一件事。那天早上刚起床，他突然发现自己面部肌肉麻木僵直，大夫给他做了针灸、药敷，症状有所缓解，但一直没有消失。由于自觉没有什么大的不适，就照常工作和应酬，其间也没有和任何人提起他的面部病症。但全然没有想到，他的这张"有病"的脸，竟然伤害、得罪了不少人。这也难怪，谁能受得了你一天到晚绷着个脸、冲人生气的模样，就是最爱你的人，恐怕最终也要弃你而去。

上述事例告诉我们:一张生气的脸,一张不笑的脸,竟有如此大的伤害力。胡适在《四十自述》里说:"世间最可厌恶的事莫如一张生气的脸;世间最下流的事莫如把生气的脸摆给旁人看,这比打骂还难受……"在教育中,教师千万不能有一张生气的脸,而应该是一张充满生气的脸,才能让学生的学习充满生气。

上述事例还告诉我们:如果不是照镜子,当局者就会一直"迷"下去。由此可见,经常照镜子是何等地重要。因为通过照镜子,能察看面容,去污涤垢,整理衣冠,使人面目清爽,衣着整洁,精神抖擞。那么在教育教学中,镜子可以派上什么用途呢? 镜子有哪些变式呢?

一、"照镜子",可以照自己,也可以照别人

首先,我们经常会看到在一些学校的大厅里和教室外挂着一面镜子,其用意不外乎让教师走进办公室或走进教室之前先照照镜子,外整其容,内正其心,能够带着正常心态和正确心态开展教育教学活动。

林清玄曾经说过这样一段话:一个人面对外面的世界时,需要的是窗子;一个人面对自我时,需要的是镜子。面对外面用窗子才能看见世界的明亮,面对自我用镜子才能看见自己的污点。其实,窗和镜子并不重要,重要的是你的心。你的心扩大了,书房就大了;你的心明亮了,世界也明亮了。你的心系窗,就看见了世界;你的心系镜,就观照了自我。

现在有一个词语叫"扫除力",是指通过清洁打扫的外部行为,结合心怀感恩的冥想,把自己塑造成改变环境的角色,进而强大自己的内心,最终获得意想不到的力量。"扫除力"这一概念来自日本传奇励志作家舛田光洋的系列图书《扫除力》。这种"对外清洁,对内自省"的理念风靡日本,改变了很多人的生活方式。

照镜子就可以达到"对外清洁,对内自省"的作用。东汉时期文学家、书法家蔡邕的女儿蔡文姬,史书说她"博学而有才辩,又妙于音律",她之所以如此出色,离不开蔡邕出色的家庭教育。那么蔡邕又是如何进行家庭教育的呢? 蔡邕在《女训》中写道(译文):"心就像头和脸一样,需要认真修饰。脸一天不修饰,就会让尘垢弄脏;心一天不修善,就会窜入邪恶的念头。人们都知道修饰自己的面孔,却不知道修养自己的善心……"所以你照镜子时,就要想到心是否圣洁。在教育孩子时,我们可以让他们照镜子,从照出自己的面容,直至照到自己的心灵,只有这样,我们的教育才能发生根本性的作用。

案例

镜子,教育儿子的好帮手[1]

去幼儿园接瓜瓜,发现他气呼呼的,老师也一脸不高兴,说:“瓜瓜又和同学打架了,把小朋友推倒在地上!希望你回家后能好好教育他!”

回到家,瓜瓜没有丝毫悔意,依然噘嘴瞪眼的。

“瓜瓜,为什么推小朋友啊?”我轻声问道。

“他偷偷换了我的大苹果!”瓜瓜气嘟嘟地噘着嘴,说:“也不跟我说一声,就偷偷把他那个小的换给了我。”

原来如此,瓜瓜打架就为了这点小事,我说:“因为一个苹果就和小朋友打架,我看是瓜瓜不大方。你还记得‘孔融让梨’的故事吗?”

没承想,瓜瓜不服气地说:“孔融是愿意的!我也愿意把大的让给他,可他得好好跟我说,不能偷偷换。妈妈你不是也说,不能乱拿别人的东西吗?”

我一时语塞,儿子说得多好啊!就在我琢磨着怎样把这个话题继续下去的时候,目光落在了家里梳妆台的镜子上,顿时灵机一动。

“瓜瓜,过来!”我把瓜瓜拉到镜子前。“快照照镜子!”

我问:“看见了什么?”

“瓜瓜和妈妈。”

“镜子里的瓜瓜是不是样子很凶啊?”我又问。

“是的。”他有点不好意思了,低声说。

“瓜瓜的样子是不是很吓人?小朋友要被吓坏的。再有,就是小朋友不对,瓜瓜也应该笑眯眯地给他指出来让他纠正才对呀!而且一个苹果也没什么了不起的,瓜瓜可是一个很大方的小男子汉啊!”

“哦,妈妈,是不是我的脸很吓人,他才不跟我好好说的。我要跟小朋友说‘对不起’。”

周末,瓜瓜爸爸参加同学聚会,很晚也没有回来,我很生气,拨通了他的手

---

① 来源:人民网,http://edu.people.com.cn/BIG5/4794828.html

机,大声对他吼:"你马上给我回来,9点以后我就反锁门!"放下电话,我坐在那里生闷气。

"妈妈,你过来一下!"瓜瓜叫我,一本正经的。我没好气地问:"干吗?""镜子里的妈妈那么凶。一点都不漂亮,瓜瓜喜欢漂亮妈妈!"瓜瓜将我拉到镜子前做着鬼脸说。

家庭教育需要"照镜子",在学校教育中,"扫除力"也非常重要,教师不仅需要良好的师表,更需要良好的师德。我们不仅需要外面有一面镜子,更需要内心有一面镜子,唯此,教师才能做到内外兼修、言行一致。

在平常教育中,许多教师常常困惑为什么学生感受不到自己的爱,假如有一面心镜,或许就能照出自己的爱并没有出自内心。在平常教育中,许多教师还常常困惑为什么学生感受不到自己的笑,假如有一面心镜,或许就能照出自己的笑并没有发自肺腑。有一名空姐求教一名心理咨询师,为什么乘客感受不到自己的笑?心理咨询师给了她一面镜子,她照了照镜子,说镜子里的自己是微笑的呀。心理咨询师又给了她一张白纸,让她遮住自己的嘴,然后让她再照镜子,结果她看到自己尽管嘴是微笑的,但眼中透露出来的却是冷漠。这其实也就是许多教师明明是笑着的,但学生却能看出你的假笑或没有诚意的笑,原因就是你的眼睛泄露了你的内心。至此,我们已经明白,要照出自己的内心,要看自己的眼睛,可以看眼神,还可以看眼角。19世纪法国神经学家杜兴是第一位研究微笑生理学的科学家,后来科学界就将真正的微笑命名为"杜兴微笑"。杜兴发现,当一个人发自内心地微笑时,眼角周围的肌肉收缩,产生"乌鸦脚似的"皱纹,而假笑只牵动颧骨附近的肌肉,使嘴唇向上翘。于是我想到了这样一句话"所谓皱纹,不过是表示原来有过笑容的地方"。由此可见,你的虚情假意是很难伪装的,很容易被别人识破,骗得了自己,却骗不了别人。

心理学上有个"照镜子效应",意思是说在人际交往中,我们以什么样的态度和行为对待别人,别人往往也以同样的态度和行为给予反应,恰似我们站在镜子面前:当我们微笑时,镜子里的人也微笑;当我们哭泣时,镜子里的人也哭泣;当我们愤怒时,镜子里的人也愤怒;等等。

世界上的一切都是相辅相成的。尊重他人才能为他人所尊重,赞美他人才能为他人所赞美,关心他人才能为他人所关心,信任他人才能为他人所信任,宽容他人才能为他人所宽容。因而,当我们发现学生对我们不尊重时,当我们抱怨学生逃避我们对我们太冷漠时,当我们气愤于学生知错犯错屡教不改时,当我们痛心于学生不理解老师一片苦心时,当我们无奈于学生对老师的处罚满不在乎无动于衷时,我们是否应该扪心自问:我们对学生的看法和态度怎样?

苏联教育家加里宁说:"教师仿佛每天蹲在一面镜子里,外面有几百双精细的、富于敏锐的、善于窥视教师优点和缺点的孩子的眼睛在不断地盯视着,世界上没有人受到这样严格的监视,也没有任何人能对年轻的人有如此深远的影响。"车尔尼雪夫斯基说:"教师把学生造成一种什么人,自己就应当是什么人。"那么,在教育教学中,我们应如何运用"照镜子效应"呢?

首先,教师要把自己打造成一面质地优良的"镜子"。学生成长的一个重要途径是通过他人特别是与自己关系密切、对自己影响重大的人的评价来认识和调整自己。而教师就是学生成长过程中的"重要他人"。教师通过自己所拥有的知识储备、人格素养及教育教学的态度、方式和策略,直接或间接、自觉或不自觉、有意识或无意识地影响着学生的思维方式和认知方式,影响着学生自我认知和自我评价的水平,甚至影响着学生对事物、对人生、对他人、对社会的态度和看法。如果教师的思想道德境界、专业知识、业务技能、人格修养等能得到学生的认可甚至令学生佩服,学生便会产生仰慕之情,就会自觉地把老师当作镜子,用"老师"这面镜子映照自己,从中发现自己的问题,调整自己在学习、交往及人格等方面的发展方向,并心悦诚服、心甘情愿地接受教师的教育。

其次,教师要把自己打造成一面精神阳光的"镜子"。教师的心理素质对学生心理的影响是潜移默化、深远持久、直接而重大的,所以教师首先应该努力提高自身的心理素质,要努力学习和实践心理学知识,保持良好的心理状态,适时适度地调节好自己的心态与情绪,培养和保持自信、乐观、诚信、坚毅、灵活、负责、宽容等良好的性格品质,尤其要努力提高与学生交往的能力,学会与不同学生沟通的技能。教师要学会反观自己在"学生"这面镜子中的形象,不断调整和完善自己的形象。

案例

一张不生气的脸

有一次，一名学生违反了校规，教师让他承认错误，但这名学生拒不承认错误，教师很生气，严厉批评了这名学生，结果学生以沉默表示不满，师生交流过程中断。

后来教师冷静下来，并调整了策略，又找到这名学生，向他表示歉意，承认对他的态度有失冷静。后来，这名学生给教师写了一封信，诚恳地承认了自己的错误，并向教师表示了由衷的谢意和敬意。他说："以前从没有老师跟我道歉，许多老师有错也不承认，总是遮遮掩掩，好像教师是圣人，而你不这样，明明是我错了，对老师态度不好，你还给我道歉，你是我遇到的最好的老师。"

照镜子，不仅能够照出自己的容貌，而且能够照出自己的心灵；照镜子，不仅能够照出自己是否爱别人，而且能够照出自己是否爱自己。具体检测方法如下：面对镜子，很平静、很真诚地看着自己的眼睛，看着自己的脸，重复地说："我很爱很爱我自己。"说 20 遍以上，如果你是个爱自己的人，说到后来，你可能会笑。如果说到后来哭了，那么在心灵深处是不爱自己的。

曾经在《辽宁青年》上看到张小平写的一篇题为《镜子前的拯救》的文章——

自 1971 年日本札幌市地铁站建成开通以来，十年内，发生了五十余起卧轨自杀事件。地铁站组织专人对四个站点实行 24 小时巡逻，还在事件多发地带装上了现代监控装备，可轻生的人依旧前仆后继。政府开出 1000 万日元，征集防止自杀的最有效办法。

有人建议在地铁站周围全部修建隔离护栏，乘客上车须由专人监看；有人建议将地铁站点缩减，站内由警察不分昼夜地站岗；还有人建议改进列车刹车装置，给列车员配备高倍望远镜，发现可疑物 5 秒内即可刹住车……还有人甚至建议将轻生者照片公之于众，在铁轨上浇满粪便，等等。这些建议不是因耗费巨大难以实施，就是可以预想到即使实施也无多大用处而没有采用。

负责整理意见的官井太郎摇头长叹。邮递员又递来一封信:"在每个站点入口处,安置一面镜子即可。"落款者黑泽明是日本家喻户晓的知名导演,可他居然提出这么贻笑大方的点子,该不会有人故意开玩笑?

无法征集到可行的方案,官井太郎只能要求地铁站加派人手,加强巡逻。过了1个月,一天清晨地铁站报告说有人不知在何时悄然进入站内,在四个站点左墙上都安置了一面长宽各三米的镜子。官井太郎哭笑不得地说:"世上竟然有这么执拗而可笑的家伙,就让镜子摆在这里,证明他的愚蠢吧!"

出乎意料的是,半年过去竟然未发生一起自杀事件。官井太郎询问了站点人员,这才知道那里的巡逻人员早已撤离:防止自杀的唯一措施便是借助镜子。站点人员绘声绘色地讲:"偶尔有举止异常的人进到站点,但他们在照过镜子后,就像是从里面望见了自己昨天犯下的错,望见了作践生命后的惨不忍睹的模样,此后要么痛苦地摇头,要么捂住脸痛哭,要么摇晃着离开。再也没人选择轻生……"

一面镜子,真的可以拯救脆弱的生命吗?或许是照镜子让自杀者照出了自己在心灵深处对自己生命的不爱,也或许是照镜子让自杀者照出了自己的丑陋,让他自省,让他自爱,从而更好地认识自我。

当然,对正常人,我们完全没有必要让他们照出自己的丑和照到自己想哭,而应该努力让他们从中发现自己的美好和希望。在教育教学中,照镜子,我们更应该帮助学生能够照出自尊、自爱、自信和自强,特别对一些自感"丑陋"的学生。

案例

"我是最勇敢的人"

一位教师为了让自己的学生在课中能够勇敢地表现自己,在课前开展了这样一个活动——

教师问学生:"你们知道我们班上谁最勇敢吗?"学生摇头不知。教师继续说:"谁是我们班上最勇敢的孩子,我知道。我已经把这个人写在了这个盒子中,你们想看一看是谁吗?"

　　学生争相上来看盒子中的答案。教师有意选择平时一些胆小的学生上台,第一位学生看后不禁笑出声来,教师问她:"你看到了谁?"她回答说:"我!"第二位学生也是这样回答,第三位、第四位学生都是这样。原来,盒子里并没有藏着写有人选的名字,而是放着一面镜子,学生看到的是自己。结果,这些学生在心照不宣中达成默契,这节课中他们表现得都很"勇敢"。

　　不过,凡事都有两面性,照镜子的时间也不能太长。据英国《每日邮报》报道,照镜子时间如果太长,反而容易引起焦虑。英国利兹大学医学院的研究人员招募了一些志愿者,首先,让他们对着镜子观察25秒,并为自己的满意度打分;接着让这些志愿者再次盯着镜子至少观察10分钟,并再次评分。结果发现,随着照镜子时间的延长,人们的自我满意度反而下降。当对着镜子反复端详超过10分钟后,人们的焦虑感和烦躁感非常明显。心理学家安德鲁·希尔等人表示,照一会儿镜子,有利于发现自身优点,增添自信。可如果老在镜子面前左看右看,人们容易发现自己身上不完美的地方,滋生焦虑、抑郁等情绪,进而影响自信心和判断力。

　　镜子在教育教学中的其他用途值得我们进一步开发。最常用的是在舞蹈课和体育课中,让学生对着镜子,可以帮助学生更好地掌握动作。又如数学课教学"镜面对称"时,镜子可以帮助学生更好地理解知识。另外,教学完"镜面对称"一课后,我们不妨与学生玩一玩这样一个实验游戏,可以让学生对镜面对称有更深刻的体会和认识:在学生面前竖直地放一面镜子,在镜子前面的桌子上铺一张纸,请学生在这张纸上随便画一个图,比方说画一个长方形和一条对角线。但是画的时候眼睛不许看着手,只许看着镜子里的手的像。不久就会发觉,本来非常简单的一个题目,竟然没有办法交卷。多年来,我们的视觉跟动作的感觉已经得到了协调,但是镜子破坏了这种协调,因为它把我们手部的动作变了样。你想把一条直线画向右边去,但是你的手却要向左边移去,等等。假如你在镜子前面画的是比较复杂的图,或者是写些什么,那么,只要你的眼睛一直看着镜子里的手,就会更加出乎你的意料,你得到的是一幅非常可笑的混乱的图画!

　　再如,在上课时有一位教师的教本中总是偷偷地夹着一面薄薄的小镜子,既有书签的功能,又有镜子的功能,不仅可以照自己,在遇到郁闷时能够看清自己的表情是否依然和蔼可亲,而且可以照学生,在背对学生时(例如在板书或向黑板方向走动的时候)能够查看学生的表现是否依然专心致志。

二、"照镜子",可以拍照片,也可以拍视频

在教育教学中,照镜子还可以用拍照片或拍视频等现代化手段来代替,其作用等同于照镜子,同样能够起到照镜子的独特效果。

案例

拍照片,让学生留意[①]

小学生难以持久注意自己写字姿势的场面在我的班上同样存在,让我很头疼。有一次,我灵机一动,悄悄地拿出数码相机,对着埋头写字的孩子们一阵抓拍,"立此存照"。随后,我播放了第一组照片:孩子们在大屏幕中看到了熟悉的身影,雀跃异常。

"你想给照片中的同学提点什么建议呢?"我话音刚落,孩子们纷纷举起了小手。小舟迫不及待地说道:"谦谦,写字的时候不要趴在桌子上,眼睛离书本太近了!""奕熹,你写字的时候一定要身子坐正肩放平。时间久了会变成驼背老公公的。"晶晶好心地提醒道。班里很多小朋友听了,赶紧把身子挺了挺直。嫒嫒喊道:"小屹的笔拿得太低了!"小家伙看得真够仔细的。

"是呀,如果想把字写得更好应该注意一寸的距离。"我不住地点头,"那我们来看看这几位小朋友的表现吧!"我趁热打铁播放了第二组照片。孩子们赞叹道:"哇,伊蓁的姿势真好啊!"以恒径直站起来说:"我要向这几个小朋友学习。"我微笑着对孩子们说:"如果你的写字姿势正确,下次我也会把你拍下来。有没有信心?""有!"孩子们异口同声地回答,一个个显得劲头十足。

就这样,通过一张张真实的照片,被动说教变为互动自纠。一段时间以后,孩子们掌握了正确的姿势,养成了良好的写字习惯。

---

① 来源:《小学语文教师》2010年第11期,作者:钱宇佳

平常,针对学生难以长久注意写字姿势的问题,许多教师都是采用语言提醒学生,结果常常只能奏效一时。因为学生对教师总是使用的相同语句时间长了会产生免疫力,所以教师的好意提醒往往会成为过眼烟云,严重的时候还会让学生感到厌烦。曾经有人说,话过三句招人嫌,正是这个道理,过多的语言重复会让学生产生心理抑制,学生未必就"言听计从"。上述案例中,在学生听惯了教师的习惯用语后,教师突然采用"拍照片"的方法,既让学生感到新鲜,又让学生在"照镜子"中发现自己和同学的姿势看起来不适,为了能够保持自己的美好形象,也为了能够保护自己的身心健康,学生在这种自我对照和相互对照中自然会心甘情愿地纠正自己的写字姿势。

对学生,我们可以通过拍照片等方式达到自我教育的目的。对教师,我们同样可以通过拍视频等方式来达到自我改进的目的。曾经看到这样一则企业培训的材料——

> 有一次,麦克在做练习时因为与人争论而大发脾气,摔了手中的杯子。这是他发脾气时的习惯动作,自己早已习以为常,没有想到这一动作被早已备好的摄像机摄了下来。课后,指导教师把课堂的录像放给大家看,麦克十分震惊,他没有想到自己发火时的形象那么难看。他顿时领悟到,他带来的"如何解决与下属冲突"的问题,与自己的一些行为模式有关。从此以后,麦克不再摔杯子了。

这就是从视频中"照镜子"反思自己行为、纠正自己行为所获得的良好教育效果,我们的学校也应该多开展这样的"照镜子"式教育活动。例如,有一所学校设计了这样的"照镜子"式教研活动:第一步,"以自己为镜,亮出风采"。教师本人自录一节常态课,通过观摩自己所上的课,聚焦每一个教学环节,解读自己的课堂行走的方式,从而了解自己课的原生态。第二步,"以他人为镜,亮出水平"。学校选出2个优秀课堂教学视频,让全体教师进一步学习借鉴。第三步,"以名师为镜,亮出活力"。教师观看名师的授课光盘,对照自己的教学,找出差距,弥补不足。第四步,"以课堂为镜,亮出精彩"。经过前三个环节的学习,学校开展课堂教学大比武活动,让教师在教学实践中检验自己的能力,提升自己的教育理念。

摆渡者 教师书架

丛书名称	主编或作者	书　　名	定价(元)
大师背影书系	张圣华	《陶行知教育名篇》	24.90
		《陶行知名篇精选》(教师版)	16.80
		《朱自清语文教学经验》	15.80
		《夏丏尊教育名篇》	16.00
		《作文入门》	11.80
		《文章作法》	11.80
		《蔡元培教育名篇》	19.80
		《叶圣陶教育名篇》	17.80
教育寻根丛书	张圣华	《中国人的教育智慧·经典家训版》	49.80
		《过去的教师》	32.80
		《追寻近代教育大师》	29.80
		《中国大教育家》	22.80
杜威教育丛书	单中惠	《杜威教育名篇》	19.80
		《杜威学校》	25.80
		《杜威在华教育讲演》	29.80
班主任工作创新丛书	杨九俊	《班集体问题诊断与建设方略》	19.80
		《班主任教育艺术》	22.80
		《班级活动设计与组织实施》	23.80
新课程教学问题与解决丛书	杨九俊	《新课程教学组织策略与技术》	16.80
		《新课程教学现场与教学细节》	15.00
		《新课程备课新思维》	16.80
		《新课程教学评价方法与设计》	16.80
		《新课程说课、听课与评课》	16.80
新课程课堂诊断丛书	杨九俊	《小学语文课堂诊断》(修订版)	18.60
		《小学数学课堂诊断》(修订版)	18.60
		《小学综合实践活动课堂诊断》	23.60
		《小学品德与生活(品德与社会)课堂诊断》	22.80
名师经验丛书	肖　川	《名师备课经验》(语文卷)	25.80
		《名师备课经验》(数学卷)	25.60
		《名师作业设计经验》(语文卷)	25.00
		《名师作业设计经验》(数学卷)	25.00
个性化经验丛书	华应龙	《个性化作业设计经验》(数学卷)	19.80
		《个性化备课经验》(数学卷)	23.80
	于永正	《个性化作业设计经验》(语文卷)	20.60
		《个性化备课经验》(语文卷)	23.00

丛书名称	主编或作者	书　名	定价(元)
深度课堂丛书	《人民教育》编辑部	《小学语文模块备课》	18.00
		《小学数学创新性备课》	18.60
课堂新技巧丛书	郑金洲	《课堂掌控艺术》	17.80
课改新发现丛书	郑金洲	《课改新课型》	19.80
		《学习中的创造》	19.80
		《多彩的学生评价》	26.00
教师成长锦囊丛书	郑金洲	《教师反思的方法》	15.80
校本教研亮点丛书	胡庆芳	《捕捉教师智慧——教师成长档案袋》	19.80
		《校本教研实践创新》	16.80
		《校本教研制度创新》	19.80
		《精彩课堂的预设与生成》	18.00
		《让孩子灵性成长:青少年野外活动教育创新》	20.00
		《联片教研模式创新:一题一课一报告》	23.00
美国教育新干线丛书	胡庆芳	《美国学生课外作业集锦》	35.80
美国中小学读写教学指导译丛	胡庆芳　程可拉	《教会学生记忆》	22.50
		《教会学生写作》	22.50
		《教会学生阅读:方法篇》	25.00
		《教会学生阅读:策略篇》	24.80
提升教师专业实践力译丛	胡庆芳　程可拉	《创造有活力的学校》	22.50
		《有效的课堂管理手册》	24.00
		《有效的课堂教学手册》	32.80
		《有效的课堂指导手册》	24.80
		《有效的教师领导手册》	25.80
		《提升专业实践力:教学的框架》	30.80
		《优化测试,优化教学》	22.50
		《有效的课堂评价手册》	26.80
中小学教师智慧锦囊丛书	费希尔	《初为人师:教你100招》	16.00
	奥勒顿	《把复杂问题变简单——数学教学100招》	17.00
	格里菲思	《精彩的语言教学游戏》	17.00
	墨菲	《历史教学之巧》	18.00
	沃特金　阿伦菲尔特	《100个常用教学技巧》	16.00
	扬	《管理学生行为的有效办法》	16.00
	鲍凯特	《让学生突然变聪明》	17.00
	库兹	《事半功倍教英语》	17.00
	鲍凯特	《这样一想就明白——100招教会思考》	17.00
	海恩斯	《作文教学的100个绝招》	15.00
教育心理	俞国良　宋振韶	《现代教师心理健康教育》	25.80

丛书名称	主编或作者	书　名	定价(元)
教师在研训中成长丛书	胡庆芳　林相标	《校本培训创新:青年教师的视角》	21.80
		《教师专业发展:专长的视野》	21.60
		《听诊英语课堂:教学改进的范例》	31.60
		《提升教师教学实施能力》	22.00
中小学课堂教学改进丛书	胡庆芳　王　洁	《改进英语课堂》	32.80
		《改进科学课堂》	26.00
		《改进语文课堂》	28.00
		《改进数学课堂》	31.00
		《点评课堂:博览教学改进的智慧》	28.00
新课堂教学的理论研究与实践探索丛书	刘连基　徐建敏	《和谐高效思维对话——新课堂教学的理论研究》	36.00
		《和谐高效思维对话——新课堂教学的实践探索·小学语文》	22.00
		《和谐高效思维对话——新课堂教学的实践探索·小学数学》	34.00
		《和谐高效思维对话——新课堂教学的实践探索·小学英语》	29.00
		《和谐高效思维对话——新课堂教学的实践探索·小学科学》	30.00
		《和谐高效思维对话——新课堂教学的实践探索·小学品德》	35.00
		《和谐高效思维对话——新课堂教学的实践探索·信息技术》	31.00
		《和谐高效思维对话——新课堂教学的实践探索·初中语文》	31.00
		《和谐高效思维对话——新课堂教学的实践探索·初中数学》	30.00
		《和谐高效思维对话——新课堂教学的实践探索·初中英语》	31.00
		《和谐高效思维对话——新课堂教学的实践探索·初中思想品德》	27.00
		《和谐高效思维对话——新课堂教学的实践探索·初中物理》	28.00
		《和谐高效思维对话——新课堂教学的实践探索·初中化学》	31.00
		《和谐高效思维对话——新课堂教学的实践探索·初中生物》	28.00

丛书名称	主编或作者	书　　名	定价(元)
新课堂教学的理论研究与实践探索丛书	刘连基　徐建敏	《和谐高效思维对话——新课堂教学的实践探索·初中历史》	25.00
		《和谐高效思维对话——新课堂教学的实践探索·初中地理》	21.00
		《和谐高效思维对话——新课堂教学的实践探索·高中地理》	23.00
		《和谐高效思维对话——新课堂教学的实践探索·高中数学》	34.00
		《和谐高效思维对话——新课堂教学的实践探索·高中英语》	31.00
		《和谐高效思维对话——新课堂教学的实践探索·高中思想政治》	30.00
		《和谐高效思维对话——新课堂教学的实践探索·高中物理》	31.00
		《和谐高效思维对话——新课堂教学的实践探索·高中生物》	27.00
		《和谐高效思维对话——新课堂教学的实践探索·高中化学》	31.00
		《和谐高效思维对话——新课堂教学的实践探索·高中历史》	31.00
		《和谐高效思维对话——新课堂教学的实践探索·高中语文》	28.00
义务教育课程标准(2011年版)案例式解读丛书	杨九诠　李铁安	《义务教育课程标准(2011年版)案例式解读·小学语文》	32.00
		《义务教育课程标准(2011年版)案例式解读·小学数学》	34.00
		《义务教育课程标准(2011年版)案例式解读·小学英语》	32.00
		《义务教育课程标准(2011年版)案例式解读·小学品德与生活(社会)》	33.00
		《义务教育课程标准(2011年版)案例式解读·初中语文》	29.00
		《义务教育课程标准(2011年版)案例式解读·初中数学》	32.00
		《义务教育课程标准(2011年版)案例式解读·初中英语》	32.00
		《义务教育课程标准(2011年版)案例式解读·初中物理》	32.00

丛书名称	主编或作者	书　名	定价(元)
义务教育课程标准(2011年版)案例式解读丛书	杨九诠　李铁安	《义务教育课程标准(2011年版)案例式解读·初中化学》	32.00
		《义务教育课程标准(2011年版)案例式解读·初中地理》	34.00
		《义务教育课程标准(2011年版)案例式解读·初中历史》	30.00
		《义务教育课程标准(2011年版)案例式解读·初中思想品德》	32.00
		《义务教育课程标准(2011年版)案例式解读·初中生物学》	32.00
其他单行本	胡庆芳	《美国教育360度》	15.80
	徐建敏　管锡基	《教师科研有问必答》	19.80
	杨桂青	《英美精彩课堂》	17.80
	陶继新	《教育先锋者档案》(教师版)	16.80
	单中惠	《西方教育思想史》	59.80
	孙汉洲	《孔子教做人》	27.90
	丰子恺	《教师日记》	24.80
	陶　林	《家有小豆豆》	27.00
	徐　洁	《教师的心灵温度》	26.50
	赵　徽　荆秀红	《解密高效课堂》	27.00
	赖配根	《新经典课堂》	29.00
	严育洪	《这样教书不累人》	27.00
	管锡基	《中小学综合实践活动课程资源包》	39.80
	孟繁华	《赏识你的学生》	29.80
	申屠待旦	《教育新概念——教师成长的密码》	27.00
	严育洪　管国贤	《让学生灵性成长》	28.00

　　"新课程教学问题与解决丛书"荣获第七届全国高校出版社优秀畅销书一等奖！

　　《陶行知教育名篇》荣获第八届全国高校出版社优秀畅销书一等奖！

　　"大师背影书系"荣获第八届全国高校出版社优秀畅销书二等奖！

　　《名师作业设计经验》(语文卷)、《名师作业设计经验》(数学卷)、《名师备课经验》(语文卷)荣获第17届上海市中小学幼儿园优秀图书三等奖！

　　《西方教育思想史》荣获全国第二届教育科学优秀成果二等奖(1999)！

　　在2006年全国教师教育优秀课程资源评审中，"新课程教学问题与解决丛书"中的《新课程教学组织策略与技术》《新课程教学现场与教学细节》《新课程备课新思维》和《新课程说课、听课与评课》被认定为新课程通识课推荐使用课程资源，《陶行知教育名篇》被认定为新课程公共教育学推荐使用课程资源，《课改新课型》被认定为新课程通识课优秀课程资源，《小学语文课堂诊断》被认定为新课程语文课优秀课程资源，《小学数学课堂诊断》被认定为新课程数学课推荐使用课程资源！